THÈSE

POUR

LE DOCTORAT

FACULTÉ DE DROIT DE DOUAI

DROIT ROMAIN

DE RETENTIONIBUS DOTIS

DROIT FRANÇAIS

SÉPARATION DE BIENS

THÈSE POUR LE DOCTORAT

PAR

Edmond-Joseph PROYART
Avocat à la Cour impériale de Douai.

DOUAI
IMPRIMERIE DECHRISTÉ, RUE JEAN-DE-BOLOGNE
— 1869 —

FACULTÉ DE DROIT DE DOUAI

DROIT ROMAIN

DE RETENTIONIBUS DOTIS

DROIT FRANÇAIS

SÉPARATION DE BIENS

THÈSE POUR LE DOCTORAT

PAR

EDMOND-JOSEPH PROYART

Né à Douai (Nord), le 8 novembre 1845,
Avocat à la Cour impériale de Douai.

L'acte public sur les matières ci-après sera soutenu le jeudi 18 mars 1869, à trois heures.

PRÉSIDENT : M. BLONDEL, professeur-doyen.

SUFFRAGANTS : MM. TALON, MABIRE, professeurs. CONSTANS, LE VILLAIN, agrégés chargés de cours.

DOUAI
IMPRIMERIE DECHRISTÉ, RUE JEAN-DE-BOLOGNE — 1869

A MON PÈRE

A MA MÈRE

DROIT ROMAIN.

DE RETENTIONIBUS DOTIS.

INTRODUCTION.

Dans les premiers temps de la République romaine, alors que l'autorité du chef de famille était illimitée, il est probable que la législation positive ne se préoccupa qu'accessoirement des conventions des futurs époux relativement à leurs biens.

A cette époque, le mari avait, dans presque tous les cas, sur sa femme, un droit particulier connu sous le nom de *manus*, qui plaçait celle-ci sous l'autorité directe de son époux et l'assimilait à ses propres enfants. La personnalité de la femme était presque absorbée par la personnalité du mari ; tout ce qu'elle possédait, tout ce qu'elle pouvait acquérir pendant le mariage, était par elle possédé ou acquis pour le compte de l'époux sous la *manus* duquel elle se trouvait.

Il existait bien à la vérité des cas dans lesquels la femme ne tombait pas sous la *manus* du mari, mais nous ignorons de quelle façon étaient régies dans ces hypothèses les conventions des époux relativement à leurs biens.

Ce n'est qu'à dater du sixième siècle, c'est-à-dire au moment où l'emploi des formes qui faisaient tomber la femme *in manu mariti* devint plus rare, que nous voyons apparaître un système éminemment romain et consacrer par la loi, les conventions des époux relatives à la dot.

La dot, à l'origine comme de nos jours, est le bien que la femme apporte au mari pour l'aider à supporter les charges du ménage ; or, en admettant que la femme doive contribuer pour une part que les époux déterminent eux-mêmes à l'entretien du ménage, on doit nécessairement prévoir le cas où le ménage venant à être dissous, lesdites charges n'existeront plus.

A la dissolution du mariage, les biens dotaux demeureront-ils la propriété du mari ou bien devront-ils être restitués à la femme ? Telle est la question qui se présentait.

Le relâchement des mœurs chez les Romains, l'abus immodéré du divorce, et la diminution sensible de la population poussèrent le législateur à décider que la dot devrait être restituée à la femme. Le législateur, en assurant ainsi à l'épouse divorcée la propriété des biens dotaux, favorisait directement les seconds mariages, et les lois relatives à la restitution du fonds dotal venaient compléter l'ensemble de la législation d'Auguste qui, par tous les moyens, avait voulu pousser à la repopulation de l'empire, en favorisant les unions légitimes, et en frappant de déchéances le célibat et l'orbité.

Je n'ai pas à rechercher de quels modes divers la dot pouvait être constituée ; je n'ai, ni à examiner quelle était sa nature, suivant qu'elle avait été fournie par telle ou telle personne, ni à parler des moyens destinés à assurer la conservation de la dot et sa restitution à la dissolution du mariage.

Rechercher de quelle façon et en vertu de quels principes le mari, lorsque la restitution avait lieu, pouvait retenir sur la dot certaines sommes à titre d'indemnité, tel est mon but spécial, tel est l'objet de cette étude que l'absence d'un titre spécial au Digeste, et la pénurie des détails fournis par les commentateurs rend trop difficile pour que nous puissions même songer à en élargir le cadre.

Lorsque le mariage est dissous, lorsque la restitution de la dot s'effectue, le mari peut exercer sur les biens à restituer un droit qu'Ulpien désigne sous le nom de *retentio*.

La *retentio* peut être définie : le droit qu'a le mari de garder, à la dissolution du mariage et à titre d'indemnité, dans des cas spécialement prévus et déterminés, une portion plus ou moins grande de la dot qu'il doit restituer.

De cette définition, on peut déjà déduire, que la *retentio* n'est pas autre chose qu'une sorte de compensation. Le mari doit restituer la dot, sans doute, car il en est débiteur, mais certains événements lui ont fait acquérir la qualité de créancier vis-à-vis de sa femme, et par la *retentio* il entend réaliser la créance dont il est nanti. Nous avons bien dans cette hypothèse deux personnes qui sont respectivement créancières et débitrices l'une de l'autre, et nous pouvons décider en conséquence que nous sommes placés sur le terrain de la compensation.

La *retentio* est donc une exception : mais quelle sera la nature de cette exception ? Nous n'hésitons pas à croire que c'est une *exceptio doli* : nous trouvons la preuve de cette assertion dans les lois 12 *de doli mali et metus exceptione* et dans la loi 2 § 5 *eod. tit.*

Il résulte de ces textes qu'un contrat n'est pas entaché de dol seulement dans le cas où le dol aurait été commis au moment où l'obligation a pris naissance, mais même dans le cas où il y a eu dol postérieurement au contrat, c'est-à-dire au moment de la demande : « *quia dolo facit quicunque id quod quaqua exceptione elidi potest, petit; nam et si inter initia nihil dolo malo facit, attamen nunc petendo facit dolosè* » (L. 2, § 5. D. *De dol. mal et metus except.*) Or, dans notre hypothèse, quand la femme demande la restitution intégrale de la dot, le mari, qui est créancier de la femme, peut bien se plaindre du dol de celle-ci et lui opposer l'exception particulière que lui donne la loi, c'est-à-dire la *retentio*.

Mais les exceptions ne peuvent être opposées que par le défendeur ; en conséquence, pour que le mari pût recourir à ce moyen légal, il fallait en principe qu'une action fût intentée contre lui.

Ceci nous conduit à examiner quelles étaient les diverses espèces d'actions en restitution de la dot, et à noter sommairement les différences qui existaient entre elles.

Pour arriver à se faire restituer la dot, deux actions différentes étaient accordées au constituant : 1° Une action *ex stipulatu*; et 2° une action *rei uxoriæ*.

L'action *ex stipulatu* était donnée lorsque, en constituant la dot, on avait stipulé que cette dot serait restituée dans telle ou telle circonstance déterminée ; que le constituant fût la femme elle-même, son père ou un tiers, la stipulation de restitution était possible et par conséquent aussi l'action *ex stipulatu*.

L'action *rei uxoriæ* était accordée à la femme lorsque la constitution avait eu lieu sans stipulation relative à la restitution.

Il y avait, entre ces deux actions, des différences sensibles.

L'action *ex stipulatu*, dérivant d'un contrat de droit strict, participe de la nature de ce contrat et est une action *stricti juris*. Nous avons déjà dit qu'elle pouvait être intentée par tout constituant.

L'action *rei uxoriæ* est une action *bonæ fidei*; la formule de cette action qui comprenait les mots *æquiùs melius*, donnait même aux juges un pouvoir d'appréciation plus étendu que celui qui résultait en général d'une formule d'action *bonæ fidei*. Enfin, le caractère particulier de l'action *rei uxoriæ* était de pouvoir être intentée seulement par la femme qui voulait exiger la restitution de la dot, c'est-à-dire implicitement que cette action n'était donnée que dans le cas où le mariage était dissous par le divorce ou par la mort du mari.

Ce principe était si absolu, et il est si vrai que l'action *rei uxoriæ*, n'était accordée qu'à la femme, et dans son intérêt exclusif, qu'il résulte des textes, que si la femme divorcée se trouvait placée sous la puissance paternelle, le père, qui en général peut exercer toutes les actions qui compétent aux personnes *alieni juris* dépendant de lui, ne pouvait cependant pas agir par notre action sans s'adjoindre la personne de sa fille. *(Pater adjunctâ filiæ personâ habet actionem rei uxoriæ)* et cela que la dot fût *adventice* ou *profectice*, sans exception. Bien plus, si postérieurement au divorce, la femme venait à mourir, son action ne passait à ses héritiers qu'à la condition expresse qu'elle aurait mis son mari en demeure avant son décès.

Mais le caractère distinctif le plus saillant des actions *ex stipulatu* et *rei uxoriæ*, au point de vue de la matière qui nous occupe, c'est que, lorsque une action *ex stipulatu* était intentée, le fût-elle par la femme, le mari ne pouvait pas opposer les *retentiones* ; c'était seulement lorsqu'on agissait par l'action *rei uxoriæ* que les *retentiones* devenaient possibles.

Il est facile de s'expliquer le motif de cette différence ; elle dérive nécessairement de la nature différente des actions en restitution.

S'il y a eu *stipulation*, le juge, lié par la formule de l'action, devra nécessairement absoudre, ou condamner à la restitution intégrale ; s'il s'agit au contraire, de l'action *rei uxoriæ*, c'est-à-dire de l'action de bonne foi, le pouvoir du juge étant plus large, celui-ci pourra prendre en considération tels ou tels faits, et graduer sa condamnation suivant les principes de l'équité.

Justinien, dans sa constitution de l'an 530 qui forme la loi I au Code, *liv. V, tit. XIII*, abolit les deux actions dont nous venons de parler, et les remplaça par une seule et unique action persécutoire, participant en même temps de la nature de l'une et de l'autre action antérieurement données.

L'Empereur crée une action nommée *de dote*, et dit que cette action ne sera plus de droit strict, mais bien de bonne foi ; elle est *de bonne foi*, en effet, à ce point de vue qu'il sera inutile d'insérer une *cautio de dolo* ; elle est de bonne foi encore, en ce que le mari pourra obtenir un délai pour la restitution de la dot et opposer le bénéfice de compétence, ce qui eût été impossible autrefois. Mais elle est *de droit strict* sous tous les autres rapports, et par conséquent, moins favorable que l'action *rei uxoriæ,* au mari qui a des *retentiones* à exercer et qui ne pourra plus les opposer.

Ulpien, au titre VI de ses règles, nous indique dans quels cas il y avait lieu à des *retentiones :* il formule les causes *de retentio* dans le parag. 9.

D'après l'énumération que nous donne ce jurisconsulte, on peut voir tout d'abord que certaines ont leur base dans une diminution du patrimoine du mari survenue par suite du mariage, que d'autres au contraire, ont lieu sans qu'on puisse noter à raison du mariage une diminution du patrimoine du mari. Dans ces caractères divers, nous puiserons une division logique de notre matière ; nous consacrerons la première partie de notre travail à l'étude des *retentiones* qui peuvent avoir lieu sans que le patrimoine du mari ait été diminué ; dans une seconde partie, nous étudierons les *retentiones* fondées sur une diminution du patrimoine du mari.

PREMIÈRE PARTIE.

RETENTIONES qui peuvent avoir lieu indépendamment d'une diminution du patrimoine.

DE RETENTIONE PROPTER LIBEROS.

§ 10.—*Propter liberos retentio fit, si culpâ mulieris, aut patris cujus in potestate est, divortium factum sit : tunc enim singulorum liberorum nomine sextæ retinentur ex dote; non plures tamen quam tres. Sextæ in retentione sunt non in petitione.*

D'après ce texte, on voit que la *retentio propter liberos* s'exerce en cas de divorce provenant de la faute de la femme ou de celle du père sous la puissance de qui elle se trouve. La *culpa* de la femme peut provenir, de ce qu'elle a par sa conduite antérieure motivé le divorce, ou envoyé sans raison le libelle de répudiation à son mari.

Lorsqu'on veut savoir s'il y a lieu à *retentio propter liberos*, il faut rechercher quel est l'époux qui est en faute, et non quel est celui qui a envoyé le *repudium*. Ce qu'il faut nettement déterminer, c'est l'époux qui par sa conduite a motivé cet envoi, et quand ce sera la femme qui aura à se reprocher le divorce, alors seulement la retention aura lieu. Cette affirmation est pleinement confirmée par le § 121 des *fragmenta vaticana* en ces termes « *non ab eo culpa dissociandi matrimonii procedit, qui nuntium divortii misit, sed qui discidii necessitatem inducit.* »

Dans les textes que nous venons de citer, la *retentio* est présentée en quelque sorte comme une *pœna* ; dans le § 10 des Règles d'Ulpien, le jurisconsulte en fait la conséquence de la *culpa* de la femme et la *retentio* en est inséparable : on la considère tout d'abord comme une répression, et ce n'est que dans l'hypothèse où il y a un fait coupable à imputer à l'épouse que la *retentio* peut avoir lieu. Cicéron nous le dit clairement dans ses topiques, chap. IV.

Mais il faut remarquer que même dans le cas où le divorce procède de la *culpa* de la femme, la *retentio* n'a pas toujours lieu, par exemple, lorsque il n'y a pas d'enfants issus du mariage.

Dans cette dernière espèce, évidemment il y a eu faute, et la *retentio* n'a pas lieu ; on ne peut donc pas considérer à tous les points de vue la *retentio* comme une *pœna* proprement dite : car si elle avait ce caractère, on la verrait frapper la femme, dans tous les cas où le divorce proviendrait de sa faute.

La *retentio* n'est donc pas une peine proprement dite : elle a peut être les caractères de la *pœna*, en ce qu'elle frappe et ne peut frapper que la femme coupable ; mais comme elle n'a lieu qu'au bénéfice du mari ayant des enfants, on peut dire aussi qu'elle est, de son essence, une indemnité due au mari, pour le cas où celui-ci aurait des enfants issus du mariage rompu par la *culpa* de l'épouse.

Nous trouvons la preuve de cette idée, que la *retentio* est une *indemnité accordée au mari* en vue de certains cas déterminés dans le passage suivant de Cicéron :

« *Si mulier cùm nupta fuisset cum eo quicum connubium non esset, nuntium remisit, quoniam qui nati sunt, matrem sequuntur, pro liberis manere nihil oportet.* » Cicéron prévoit le cas où deux individus se sont mariés sans avoir le *connubium* ; le mariage est nul, sans doute ; mais les époux en ignorent la nullité. La femme, a envoyé sans motif le *repudium* au mari ; il n'y aura pas lieu à opérer une *retentio propter liberos*, quoique des enfants soient issus de cette union ; telle est la décision de l'orateur jurisconsulte, et il nous donne formellement les motifs de son opinion : « *Quoniam qui nati sunt non patrem sed matrem sequuntur.* »

Le mari, n'ayant pas la puissance paternelle sur ses enfants, parceque ceux-ci suivent la condition de leur mère, le divorce ne causera à l'époux aucun préjudice pécuniaire ; or, sans préjudice, pas d'indemnité, par conséquent pas de *retentio*.

Sans doute Cicéron aurait pu nous dire que la *retentio* n'ayant lieu qu'à la dissolution du mariage, et le mariage n'existant pas dans son hypothèse, il ne pouvait être question de *retentio* ; mais l'orateur Romain était frappé surtout de cette idée que cette exception n'est pas autre chose qu'une indemnité pécuniaire du préjudice causé au mari par la faute de la femme, et dès lors il donnait pour motif spécial et unique de sa décision, que lorsqu'il n'y a pas de préjudice il ne peut être question de réparation.

Le *quantum des retentiones propter liberos* nous est indiqué dans le parag. 10 d'Ulpien que nous avons déjà cité ; elle est d'un sixième pour chaque enfant, sans jamais pouvoir dépasser trois sixièmes quelque soit leur nombre.

On opère la *retentio*, ajoute le jurisconsulte, par voie d'exception, mais jamais par voie d'action.

On serait tenté au premier abord d'interprêter autrement la fin de notre paragraphe 10 « *non plures tamen quam tres sextæ in retentione sunt, non in petitione ;* » on pourrait supposer d'après cette phrase, que la *retentio* ne peut avoir pour objet que trois sixièmes lorsqu'on l'oppose par voie d'exception, et que le maximum est différent quand ce moyen serait mis en exercice directement par voie d'action.

On ne peut admettre une semblable opinion, et nous approuvons pleinement la restitution de Hugo qui, pour faire cesser le doute, place un point après le mot *tres* : « *non plures tamen quam tres. Sextæ in retentione sunt non in petitione.* »

On ne comprendrait pas en effet que l'on pût obtenir par l'action plus que par l'exception. Cela serait contraire aux principes et aux textes de Paul *instit. liv. II, tit. de dotibus*, duquel il résulte clairement ; que les *retentiones propter liberos* ne peuvent dans aucun cas dépasser *mediam partem dotis.*

La phrase qui suit le paragraphe 10 au titre VI des règles d'Ulpien, et qui forme d'après les restitutions généralement adoptées, le paragraphe 11 du même titre, a donné lieu à de sérieuses difficultés, et à une grave controverse que nous ne pouvons passer sous silence. Le § 11 est ainsi conçu : « *Dos quæ semel functa est, amplius fungi non potest, nisi aliud matrimonium sit.* »

Pour l'explication de ce texte qui, à première vue, paraît peu compliqué, plusieurs systèmes sont en présence :

M. Pellat, dans son remarquable traité sur la dot, après avoir exposé les diverses explications admises par les commentateurs, conclut en disant qu'il faut se résigner à ignorer jusqu'à la découverte de quelque nouveau texte, car aucune des explications données ne lui paraît assez plausible pour être adoptée. Nous ne suivrons pas le savant commentateur dans l'exposé complet des systèmes divers qui ont été professés, nous nous bornerons à indiquer les deux plus saillants, c'est-à-dire l'explication de Cujas et celle de Hugo, pour proposer ensuite une troisième explication, qui, si elle ne satisfait pas tout le monde, aura du moins le mérite d'échapper aux critiques dont les deux premières ont été l'objet.

Premier système. — D'après Cujas, le paragraphe 11 doit être entendu ainsi : une dot qui a rempli sa fonction de dot *(functa)*, ne peut redevenir dot que par un nouveau mariage. Schulting se range à l'avis de Cujas, et fait observer pour confirmer l'opinion qu'il adopte, que l'expression du texte, *dos quæ semel functa est*, est parfaitement traduite et qu'une *dos functa*, c'est bien une dot qui a servi suivant sa destination.

L'opinion de Cujas ne nous paraît pas acceptable : d'abord, si son explication était admise, le paragraphe 11 du titre VI des règles d'Ulpien serait complètement déplacé. On comprendrait qu'au moment où le jurisconsulte s'occupe de la dot, c'est-à-dire dans les premiers paragraphes du titre, il eût placé cette proposition : mais nous dire à propos des *retentiones*, qu'une dot qui a déjà servi comme dot, ne peut le redevenir que par un mariage subséquent, c'est placer dans la matière des *retentiones* une affirmation étrangère au sujet, et de plus, parfaitement inutile : car entendue ainsi, cette phrase est une sorte d'axiôme dont personne ne pourrait songer à contester l'évidente vérité.

Il faut donc rejeter l'explication qui précède : car, d'après elle, le § 11 est inutile autant qu'il est mal placé.

Nous n'ignorons pas qu'un jurisconsulte allemand, Schilling, adoptant la leçon de Cujas, a voulu prouver que le paragraphe 11, placé comme il l'est dans la matière des *retentiones*, avait une utilité positive, celle de faire comprendre ou d'expliquer les mots qui terminent le paragraphe dix, « *sextæ in retentione sunt, non in petitione.* » Pourquoi, dit Schilling, peut-on effectuer la *retentio propter liberos* par voie d'exception et non par voie d'action ? Ulpien nous l'apprend dans le § 11 ; on peut opposer l'exception, parce que au moment où on l'oppose, la dot existe encore, elle est entre les mains du mari ; dès lors on conçoit qu'il demande à en retenir une certaine part ; mais s'il ne répond pas à l'action *rei uxoriæ* et qu'il restitue la dot, celle-ci cessant *ipso facto* d'exister, étant *functa*, comme le dit le texte, le mari ne pourra pas intenter une action tendant à lui faire obtenir la réalisation d'un droit ayant pour objet une fraction d'une chose qui n'existe plus.

Quelque spécieuse que puisse être l'explication de Schilling, nous n'hésitons pas à la repousser.

Lorsqu'il s'agit d'une *retentio propter mores,* on peut agir par voie d'exception avant la restitution et aussi par voie d'action lorsque la dot a été restituée ; il en est de même des autres *retentiones.* Or, puisqu'en général on peut recourir à une action même après la restitution de la dot pour réaliser les *retentiones* autres que celles *propter liberos;* qu'on peut employer l'action alors que la dot est *functa,* il n'est pas vrai de dire que le § 11 sert à expliquer pourquoi la *retentio* s'oppose comme exception, et n'est pas un moyen direct, une action. Si c'est parce que la dot n'existe plus qu'on ne peut pas *agere* en vue d'une *retentio propter liberos,* on ne devrait pas non plus pouvoir agir directement pour opérer une *retentio propter mores* ou *propter impensas.* Or, c'est le contraire qui a lieu, et il est certain que lorsque les *retentiones propter mores* ou *propter impensas* n'ont pas eu lieu, le mari peut avoir recours à l'action *de moribus* ou à la *condictio.*

Deuxième système. — Le jurisconsulte allemand Hugo, a proposé une autre explication de notre paragraphe 11. D'après lui, les expressions *quæ semel functa est* signifiaient qu'une dot qui a déjà servi, mais qui a servi dans le sens de la matière des *retentiones,* ne peut plus servir de la même façon, à moins d'être constituée à nouveau. D'après Hugo, Ulpien voudrait nous dire qu'une dot qui a déjà subi une *retentio* n'en peut pas subir une seconde.

Si le jurisconsulte n'apportait pas des restrictions à ce système, il serait tout d'abord inadmissible : comment concevoir en effet qu'une *retentio propter liberos* ayant eu lieu, le mari ait perdu le droit d'exercer une *retentio propter impensas* par exemple. De ce que la femme a, par sa faute, motivé le divorce ou bien de ce qu'elle a envoyé le *repudium* sans motif, et donné par ce fait raison à la *retentio propter liberos*, peut-on induire qu'elle est dégagée de toute dette relative aux impenses ? Evidemment non ; deux causes différentes ont donné naissance aux deux créances du mari, et dès lors on ne comprendrait pas qu'une *retentio* ayant été effectuée pour un motif déterminé, une seconde *retentio* ne fût plus possible, alors même qu'une cause toute différente lui aurait donné naissance ; bien plus, l'admission de ce système conduirait, dans certains cas, à des résultats immoraux, ainsi qu'on peut le prouver par un exemple :

Prima, épouse de Primus, a une dot de cent mille sesterces, et trois enfants. L'immeuble dotal ayant eu besoin, à plusieurs reprises, de réparations urgentes, le mari a dû y procéder et a successivement dépensé des sommes qui s'élèvent à la valeur totale de l'immeuble. La dot de la femme va se trouver complètement absorbée par la *retentio proptes impensas ;* mais alors, si on admet qu'une *retentio propter liberos* ayant eu lieu, une seconde *retentio* n'est plus possible, la femme pourra très-bien commettre une faute motivant le divorce, certaine que cette faute ne pourra être réprimée, et même espérant que sa faute, donnant lieu à une *retentio propter liberos*, pourra lui être pécuniairement favorable, si le mari commet la maladresse d'exercer d'abord cette *retentio*.

Hugo n'a pas voulu aller aussi loin, il a bien compris que cela était impossible; aussi, d'après lui, Ulpien n'a-t-il pas voulu dire que le cumul des rétentions serait toujours impossible, mais seulement qu'on ne pourrait exercer simultanément une *retentio propter mores* et une *retentio propter liberos*.

On doit remarquer que le paragraphe 11 se trouve naturellement placé après le paragraphe 10 et avant le paragraphe 12; or, dans le paragraphe 10, il est question de la *retentio propter liberos*; dans le paragraphe 12 de la *retentio propter mores*. Ulpien n'avait donc en vue que ces deux *retentiones*, lorsqu'il disait que le cumul était impossible; et la décision d'Ulpien était, ajoute Hugo, logique et rationnelle, car les *retentiones propter mores* et *propter liberos* sont tellement semblables que si on les exerçait simultanément, on punirait doublement la même faute.

La *retentio propter liberos* a lieu, en cas de faute de la femme motivant le divorce, et la *retentio propter mores* est basée sur la même cause; une cause identique produirait donc deux effets différents et serait la source de deux pénalités distinctes.

D'après Hugo, nos deux *retentiones* s'excluaient donc réciproquement ; mais elles n'en avaient pas moins toutes deux une utilité particulière : si la femme avait commis une faute, autorisant l'envoi du *repudium*, la *retentio propter liberos*, et en même temps la *retentio propter mores*, le mari pouvait choisir celle des deux qui le favorisait davantage : la femme laissait-elle des enfants au pouvoir du mari, celui-ci avait intérêt à la *retentio propter liberos*, à l'aide de laquelle il obtenait autant de sixièmes qu'il y avait d'enfants. S'il n'y avait pas de *liberi* issus du mariage, le mari avait la ressource de la *retentio propter mores*.

Il pourrait arriver même que, dans le cas où il y aurait plusieurs enfants issus du mariage, le mari eût grand intérêt à invoquer la *retentio propter mores*. Si, par exemple, la dot avait été restituée, il eût été impossible, comme nous le savons déjà, de se prévaloir de la *retentio propter liberos*, et dans ce cas le mari eût certainement préféré user de la *retentio propter mores* au moyen de l'action *de moribus*.

On ne peut pas plus admettre le système de Hugo que celui de Cujas ; ce dernier est plus spécieux sans doute, mais on ne comprend pas ici pourquoi le mari ne pourrait cumuler les *retentiones propter liberos* et *propter mores*. Hugo nous dit bien, à la vérité, que ces deux *retentiones* étant fondées sur la même cause, les cumuler serait frapper de deux peines différentes un seul et unique fait ; mais c'est là une affirmation pure et simple qu'il est facile de mettre à néant. Si une épouse se rend coupable d'une faute contre les mœurs, le mari peut, en se fondant sur cette faute, d'une gravité déterminée, exciper de son droit de rétention; si l'épouse qui a commis cette faute, laisse des enfants, elle est évidemment plus coupable ; car elle devait à ses enfants l'exemple de la soumission au mari, l'exemple surtout des bonnes mœurs. Dès lors qu'y a-t-il d'étonnant à ce qu'elle soit frappée d'une peine plus forte dans cette hypothèse. La *retentio propter liberos* sera en quelque sorte une peine complémentaire qui viendra s'ajouter, si le mari la réclame, à la *retentio propter mores*.

Il serait aisé de multiplier les exemples, et de prouver qu'il serait peu logique d'interdire le cumul des deux *retentiones*. La femme qui envoie le *repudium* sans motif est punie, si elle a des enfants, d'une *retentio propter liberos* ; si à cet envoi sans motif du *repudium*, vient s'ajouter une faute grave contre les mœurs, l'adultère par exemple, peut-on ne pas trouver juste qu'une nouvelle pénalité vienne frapper ce deuxième fait ? Il est évident qu'à ce point de vue, l'opinion de Hugo n'est pas soutenable, et c'est là le motif qui nous induit à la rejeter : quant au mot *functa*, nous pensons que le savant jurisconsulte allemand lui a attribué le sens le plus exact, et c'est aussi le sens que nous lui donnerons dans l'explication du § 11 que nous allons proposer.

Suivant nous, le paragraphe 11 doit être ainsi entendu : une dot sur laquelle une *retentio propter liberos* a eu lieu, ne peut pas subir, dans le même mariage, une nouvelle *retentio propter liberos*; elle le peut au contraire dans un nouveau mariage.

En faveur de notre opinion, nous pouvons argumenter de la place occupée, dans le texte, par le paragraphe 11. Au paragraphe 10, Ulpien traite des *retentiones propter liberos* et on comprend aisément que dans le paragraphe 11 qui suit, il donne un détail nouveau s'appliquant à ce qui précède : mais on ne comprendrait pas qu'Ulpien dans le paragraphe 11, qui, il faut bien le reconnaître, fait dans la plupart des éditions partie du § 10, se fût préoccupé d'indiquer une règle applicable en même temps à la pensée déjà émise, et à une idée qui ne l'est pas encore. En lisant nos deux paragraphes sans parti pris à l'avance, il est certainement naturel d'admettre que le § 11 est le complément du § 10.

Mais en admettant cette interprétation, comment, nous dira-t-on, peut-on comprendre qu'une dot qui a souffert une *retentio propter liberos*, puisse être exposée, dans le même mariage, à être grevée d'une nouvelle *retentio* de la même nature. Cette situation étant impossible, il est également impossible d'admettre qu'Ulpien ait voulu la prévoir.

Nous allons prouver, par un exemple puisé dans les textes du Digeste, que dans le mariage deux *retentiones propter liberos* auraient pu, en fait, avoir lieu successivement et que, par conséquent, il était nécessaire de prévoir l'hypothèse et de la régler juridiquement.

Supposons qu'une femme ait envoyé, sans motifs et quoique ayant des enfants, le *repudium* à son mari ; le divorce ayant lieu, l'action *rei uxoriæ* est intentée ; le mari y répond en excipant de son droit de rétention et restitue la dot, sauf le sixième auquel donne ouverture chacun de ses enfants. Voilà déjà une première *retentio* effectuée. Mais admettons que, *peu de temps* après le divorce, la femme et le mari se soient réunis de nouveau ; quoique la dot ait été restituée et les *retentiones* faites, suivant la plupart des jurisconsultes, le mariage primitif n'a pas cessé d'exister ; et cela est incontestable, malgré qu'il y ait eu restitution de la dot : car Marcellus (loi 33 au Digeste, liv. 23, tit. 2, *De ritu nuptiarum)*, nous l'apprend, à n'en pas douter, quoi qu'implicitement. Or, si l'on suppose que la femme envoie à nouveau, et sans motif, le *repudium* à son mari, on pourrait se demander s'il y aura lieu encore à opérer une *retentio propter liberos*. Ulpien nous apprend que non, dans notre paragraphe 11. Pour que, d'après lui, une nouvelle *retentio* soit possible, il faut qu'un nouveau mariage ait lieu ; mais le jurisconsulte ne se préoccupe pas, ainsi que l'a pensé Buchardi, du cas où un second mariage aurait lieu entre la femme divorcée et un nouvel époux ; dans cette hypothèse, en effet, la question ne pouvait faire doute ; le jurisconsulte s'occupait uniquement d'un nouveau mariage entre les deux époux divorcés. Ulpien était probablement de l'opinion de Marcellus ; il pensait que lorsqu'un espace de temps assez court séparait le divorce de la réconciliation, on devait considérer la reprise de vie commune comme étant la conséquence du premier mariage, que par une *interpretatio benigna* on supposait n'avoir pas été juridiquement interrompue. Et, dès-lors, il réglait pour ce cas la situation des époux relativement à la *retentio propter liberos ;* cette *retentio*, ayant eu lieu une première fois, n'était plus possible à la dissolution du mariage. Si, au contraire, après le divorce, un délai considérable s'était écoulé, et qu'à son expiration la vie commune eût recommencé, Ulpien comme Marcellus devait admettre qu'il y avait nouveau mariage entre les deux époux divorcés ; qu'il fallait donc accorder au mari les droits qu'il aurait eus s'il n'avait pas eu autrefois la même épouse et par conséquent imposer à la femme des obligations telles que celles qu'elle aurait contractées en épousant un nouveau mari, par conséquent soumettre sa dot à une *retentio propter liberos*, si l'épouse venait à y donner lieu.

Ainsi entendu, l'utilité du paragraphe 11 et la place qu'il occupe dans le texte, se dégagent très nettement. Sans doute notre système n'est pas sous tous les rapports invulnérable et nous n'avons pas la prétention de donner au texte d'Ulpien une incontestable utilité ; mais outre que notre explication n'est contredite par aucun texte du Digeste, elle marche encore très bien avec les textes sur la dot que l'on pourrait nous opposer, et desquels il résulterait seulement que la décision d'Ulpien, étant une conséquence des principes, le jurisconsulte aurait pu se dispenser de l'enregistrer.

DE RETENTIONE PROPTER MORES.

La seconde espèce de retention, possible en l'absence de toute diminution dans le patrimoine du mari, est la *retentio propter mores* : il en est question au tit. VI des règles d'Ulpien, sous les § 12 et 13.

Lorsqu'une femme avait commis une faute grave contre les mœurs, l'adultère par exemple, on disait qu'il y avait *retentio morum nomine graviorum*, et dès lors le mari pouvait retenir un sixième de la dot.

Si au contraire la faute de la femme était autre qu'un adultère, si, par exemple, elle s'était livrée à l'ivrognerie ou avait eu une conduite légère, il y avait une faute moindre et la *retentio* qui pouvait avoir lieu était moins grande : c'était un huitième seulement de la dot.

Dans le § précédent nous avons vu que la femme était soumise à une *retentio propter liberos* dans un cas déterminé : mais jusqu'ici, si nous avons rencontré certaines pénalités frappant la femme en cas de divorce ou d'atteinte aux mœurs, nous n'avons pas trouvé encore de disposition légale frappant le mari qui enfreint ses devoirs d'époux. Punir la femme à raison de certains faits, et ne point châtier le mari coupable des mêmes actes, eût été injustice flagrante. Aussi voyons-nous que le législateur romain avait décidé qu'en cas d'adultère ou même en cas d'atteinte moins grave aux mœurs, c'est-à-dire dans les circonstances où la femme était punie, le mari devait aussi encourir une pénalité. Seulement la peine infligée au mari ne pouvait, à raison de la nature même des choses, avoir le caractère d'une *retentio* ; la femme n'avait rien à lui rendre, elle ne pouvait donc rien retenir. On avait décidé qu'ainsi que la femme coupable recevait à la dissolution du mariage moins que ce qu'elle avait apporté en dot, de même le mari adultère ou convaincu d'immoralité devrait rendre à la dissolution du mariage une somme plus grande que celle qu'il avait reçue.

Voici comment on avait réglé le *quantum* de la peine ou de l'indemnité due à la femme par le mari ; s'agissait-il d'une dot consistant en choses fongibles et que le mari devait rendre par tiers et en trois ans *(annuâ, bimâ, triâ die)*, le mari, si sa faute était grave, était tenu de la rendre sur le champ ; si la faute était légère, l'époux était obligé à restituer la dot par tiers et de six en six mois.

Si la dot avait pour objet un corps certain, si elle était restituable aussitôt et après le mariage dissous, le mari devait rendre sur les fruits la quantité qui correspondait au temps dont la restitution était avancée pour la dot remboursable en trois ans.

Le mari devait ajouter à la dot le *quantum* des fruits de deux années, au cas où sa faute aurait été grave : en effet, il doit perdre dans ce cas ce qu'il aurait perdu en restituant de suite les choses fongibles restituables seulement par tiers et en trois ans. Or, en opérant la restitution immédiate, il aurait perdu l'intérêt d'un an pour le premier tiers, l'intérêt de deux ans pour le deuxième tiers, et de trois ans pour le troisième tiers, ce qui égale deux ans d'intérêt total.

En cas de faute légère, s'il s'agissait d'une dot de quantité, le délai de trois ans serait réduit à dix-huit mois : le paiement devant avoir lieu en trois termes, de six mois en six mois, le mari perdrait ainsi l'intérêt de six mois, pour le premier tiers, d'un an pour le second, et d'un an et demi pour le troisième, soit l'intérêt d'un an pour le capital entier. Dans le cas où la dot, par sa nature, devrait être immédiatement restituée, le mari devrait en sus de la dot payer à la femme un an d'intérêt ou le montant des fruits pour une année. Ainsi, comme le fait remarquer M. Pellat (Textes sur la dot, page 27), « suivant la gravité de la faute, la femme coupable perd un sixième ou un huitième du capital de sa dot ; le mari coupable deux ans ou un an de jouissance ou de revenu de cette dot. »

On a beaucoup discuté pour savoir si la peine qui frappait le mari était égale à celle infligée à la femme, pour savoir en un mot si un sixième de la dot égalait deux ans de perte de jouissance, si un huitième de la dot était l'équivalent d'un an de revenu de la même dot. Cette discussion ne nous semble point offrir d'intérêt théorique, et les calculs compliqués auxquels se sont livrés les jurisconsultes Niebuhr et Schraeder, pour prouver que le *quantum* des peines infligées à la femme était égale au *quantum* de celles qui frappaient le mari, vient échouer devant cette simple observation : que la peine varie pour la femme dans la proportion de un sixième à un huitième, suivant qu'il s'agit de faute grave ou d'atteinte légère, tandis qu'elle varie pour le mari dans la proportion de un à deux. Le sixième ou le huitième, dû par la femme au mari dans l'hypothèse qui nous occupe, pouvait être réalisé par voie d'exception à l'action *rei uxoriæ:* mais si le mari avait négligé d'effectuer la *retentio* et avait restitué la dot entière, il pouvait agir *de moribus* et obtenir la somme qu'il devait restituer en trop.

L'action *de moribus* était une action pénale privée : mais elle offrait certains caractères particuliers que nous trouvons indiqués dans les textes du Digeste et notamment dans la loi 2 § 3, *ad leg. jul. de adult.* puis dans la loi 5, *de pactis dotalibus.*

C'est une action privée d'une nature particulière: car, en général, une action privée, tendant à la réparation d'un dommage causé par un fait coupable, peut se cumuler avec l'action publique dérivant du même fait, et celui qui a mis en jeu l'action publique peut y renoncer pour s'en tenir uniquement à l'action privée : or il n'en est pas ainsi de notre action et nous voyons par le § 3 de la loi 11 que le jurisconsulte Papinien décide que l'action publique pour cause d'adultère etant intentée, le mari ne peut plus renoncer à cette action pour recourir à l'action civile qui se trouve en fait anéantie.

Un second caractère particulier de notre action, c'est qu'elle contient une certaine *coërcitio publica*, c'est-à-dire qu'outre l'intérêt privé, elle a en vue l'intérêt public, de telle sorte qu'ainsi que le dit Paul dans la loi 5 pr. D. *de pactis dotalibus*, on ne peut pas par une convention particulière changer le *quantum* qui devra être évalué par *l'actio de moribus* ou par la *retentio propter mores*, de même qu'il n'est pas possible de stipuler que l'action *de moribus* ne sera pas intentée dans les cas où la loi déclare qu'elle doit avoir lieu.

Dans la loi 15 § 1 Sol. mat. (D, liv. 24, tit. 3), le même jurisconsulte nous apprend que *l'actio de moribus* ne passe pas aux héritiers de celui qui en était titulaire, tandis qu'il en est tout autrement pour les actions qui prennent naissance dans le cas où il y aurait lieu à *retentio propter res donatas, propter res amotas, aut propter impensas.*

Si on voulait argumenter de ce texte, pour décider que notre action n'est pas une action privée, nous répondrions que l'argument tiré de la loi 15, n'est pas concluant : il résulte de la loi 5 déjà citée, que l'action *de moribus* a, de plus qu'une action privée ordinaire, cette *coërcitio publica* dont parle le jurisconsulte Papinien. L'époux qui recourt à ce moyen légal, veut venger une offense, bien plus qu'obtenir une indemnité; or qu'y a-t-il d'étonnant à ce que les héritiers n'aient pas droit à cette action, alors que dans le cas d'injure, ils ne peuvent pas non plus succéder aux droits nés dans la personne de l'injurié ?

Pour terminer ce second paragraphe, nous devons noter une opinion qui, bien qu'elle soit inacceptable, ne tire pas moins du nom du jurisconsulte qui la professait une certaine autorité.

D'après Jacob Godefroy, la *femme*, dans les premiers temps de Rome et même encore sous la République, lorsqu'elle avait commis un adultère, perdait non seulement un sixième, mais la totalité de sa dot ; d'après ce jurisconsulte, la peine de l'adultère aurait été diminuée, alors que le relâchement des mœurs aurait rendu nécessaire une sévérité plus grande. Voici sur quels arguments Godefroy appuyait son opinion : d'abord sur le passage suivant emprunté à Horace. *(Livre III, Ode* 24) :

Dos est magna parentium
Virtus, et metuens alterius viri
Certo fœdere castitas
Et peccare nefas, aut pretium est mori ;

ensuite sur un passage de Pline *Hist. nat. liv. II, chap. XIII* et *d'Aullu Gelle nuits attiques, liv. X, chap. XXII,* dans lesquels ces deux auteurs disent qu'en cas d'adultère la femme est frappée dans la dot, *dote mulctari mulierem.*

Dans l'opinion de Godefroy, le passage d'Horace devrait être entendu en ce sens que la dot *meurt*, lorsque la femme commet une faute contre la morale. Mais outre que cette façon de traduire ce texte est impossible à admettre, nous devons faire remarquer qu'Horace s'occupe dans l'ode 24 de ce qui se passait chez les Scythes et les Gêtes, et nullement de ce qui avait lieu à Rome; qu'en conséquence les quatre vers cités par le jurisconsulte, alors même qu'il les aurait bien traduits, n'ont pas trait à la question qui nous occupe.

Il est aisé d'expliquer naturellement ce passage et l'on demeure convaincu, en lui donnant son sens grammatical, de la vérité de notre affirmation.

Quant aux fragments de Pline et d'Aulu Gelle, ils ne prouvent absolument rien : en cas d'adultère, nous disent-ils, la femme est frappée dans sa dot ; mais ils ne nous disent pas qu'elle soit frappée d'une perte absolue ou d'une perte partielle.

L'opinion de Godefroy est donc inacceptable : elle ne repose pas sur des arguments sérieux et nous l'aurions passée sous silence, s'il ne nous avait paru plus convenable de dire au moins quelques mots d'une conjecture malheureuse qui tout au moins a le mérite de s'appuyer sur un nom célèbre dans la science du droit.

DEUXIÈME PARTIE.

DES RÉTENTIONS qui peuvent avoir lieu à la suite de diminutions survenues dans le patrimoine du mari.

DE RETENTIONE PROPTER IMPENSAS.

D'après le § 9 d'Ulpien que nous avons déjà cité, le mari peut exercer une *retentio* sur les biens dotaux *propter impensas*, c'est-à-dire pour cause d'impenses. Il convient de rechercher ce qu'on entend par impenses, comment on les divise et quel est le caractère particulier qu'elles doivent avoir pour donner lieu à *retentio*.

On entend par *impensæ*, des dépenses faites par le mari, pour la conservation, l'amélioration ou l'agrément du fonds dotal. Cette définition se déduit des textes que nous aurons à expliquer et de la division qu'Ulpien lui même nous donne des *impensæ*.

Dans le paragraphe 14 de ses règles, ce jurisconsulte nous dit, qu'il y a trois catégories diverses d'impenses : les impenses nécessaires, utiles et voluptuaires ; il est évident que dans cette classification, Ulpien qualifie les *impensæ*, suivant l'objet que le mari a eu en vue en faisant la dépense. A-t-il voulu conserver la chose ? la dépense est nécessaire. A-t-il voulu l'améliorer, la dépense est utile. N'a-t-il eu d'autre but que d'ajouter à l'agrément du fonds par une dépense de luxe, l'impense est voluptuaire. Ulpien définit dans les § 15, 16 et 17 nos trois espèces d'impenses.

1° Impenses nécessaires. — « *Necessariæ sunt* » *impensæ quibus non factis dos deterior futura* » *esset, velut si quis ruinosas ædes refecerit.* »

Ce texte nous indique clairement qu'il faut entendre par impenses nécessaires, toutes les dépenses, en l'absence desquelles la dot eût souffert une diminution de valeur. Mais, nous ne voyons pas à la suite de cette définition, quel est le caractère particulier et spécial grâce auquel on peut distinguer les impenses nécessaires relatives à la dot, des impenses nécessaires en tout autre matière. Il faut donc rechercher dans les textes du *corpus juris* et dans le titre du Digeste *de impensis in res dotales factis* un complément de cette définition.

Dans les lois 1. § 1 et 14 *princ.* de ce titre, nous trouvons deux définitions des impenses nécessaires; mais elles ne font que reproduire l'idée d'Ulpien en l'appuyant de divers exemples. C'est dans la loi 4 *h. t.* que le jurisconsulte Paul, tout en confirmant la définition qu'il nous donne dans la loi 14, nous indique le caractère saillant et distinctif des impenses en matière de dot. « *Id videtur necessariis impensis contineri, quod si a marito omissum sit, judex tanti eum damnabit quanti mulieris interfuerit eas impensas fieri.* »

Si le mari néglige de faire les réparations dont le *quantum* forme ce que l'on appelle *impensa necessaria,* il devra, nous dit le jurisconsulte, être condamné au paiement des dommages-intérêts, et il n'y aura impense nécessaire que tout autant que le mari pourra être condamné au paiement de dommages-intérêts envers la femme dans le cas où il n'aurait pas fait certaines dépenses. Avec ce texte il n'y a plus de doute possible sur la nature des *impensæ* et on ne peut plus les confondre avec ce que l'on appelle impense nécessaire, lorsqu'il s'agit de revendication ou de pétition d'hérédité.

Si un individu possède de bonne foi un immeuble appartenant à autrui, et qu'il fasse sur ce fonds des impenses nécessaires, il pourra sans aucun doute réclamer, lorsque l'action en revendication sera intentée contre lui, le montant de ses dépenses, et le propriétaire sera tenu de le désintéresser. Ce premier point de vue, les impenses en matière de dot, et celles dont nous parlons, sont traitées de la même manière, et paraissent au fond n'être qu'une seule et même chose ; nous supposons que le possesseur, dans notre hypothèse, n'ait pas fait les impenses dites nécessaires et que, par suite, le fonds ait subi une détérioration sensible ; le propriétaire revendiquant aura-t-il le droit d'actionner le possesseur en dommages-intérêts ? Non sans doute : le possesseur de bonne foi croyait être propriétaire, et, par conséquent, pouvait et devait se conduire comme tel. Or le *dominus* n'est pas obligé de faire sur son fonds des dépenses, de quelque nature qu'elles puissent être ; le tiers revendiquant ne peut donc pas se plaindre du possesseur, et par conséquent il ne serait pas fondé à lui demander des dommages-intérêts ; mais si c'est un mari qui a négligé de faire les réparations nécessaires à la conservation du fonds dotal, les mêmes raisons de décider n'existeront plus ; le mari sait parfaitement qu'il pourra être tenu un jour à restituer la dot, il doit donc agir non pas en propriétaire, mais en administrateur attentif et diligent et par conséquent faire les dépenses que la conservation du fonds dotal rend nécessaires.

En se plaçant à ce dernier point de vue, on peut donc définir les impenses nécessaires, celles que le mari est tenu de faire à peine de dommages-intérêts et en l'absence desquelles le fonds dotal souffrirait une détérioration qui en diminuerait la valeur.

2° Dépenses utiles. — Les dépenses utiles sont

celles en l'absence desquelles la dot ne serait pas diminuée, mais qui, si elles sont faites, peuvent en augmenter le revenu. C'est bien là la définition romaine donnée par Ulpien, § 16 de ses Règles en ces termes : « *Utiles sunt, quibus non factis, quidem deterior dos non fieret, factis autem, fructuosior effecta est, veluti si vineta aut oliveta fecerit.* »

Les lois 79 D, liv. 50, tit. XVI *de Verb. signif.* et 14 *de Impensis in res dotales factis* répètent cette définition.

3° Dépenses voluptuaires. — Ce sont les dépenses qui ont pour objet des aménagements de luxe ou d'agrément ; en un mot, celles qui n'augmentent pas le revenu, mais dont l'absence ne le diminue pas. (Ulp. 17, reg. VI.)

§ I. — IMPENSES NÉCESSAIRES.

En principe, les impenses nécessaires donnent lieu à *retentio*, et le mari pour s'en indemniser peut, lors de la dissolution du mariage, retenir une portion de la dot, et restituer le reste à la femme ; mais il ne faut pas croire que notre principe ne comporte aucune exception, et que le droit de rétention soit concédé au mari toutes les fois qu'il a fait pour le fonds dotal des dépenses tendant à le conserver ou à en prévenir la détérioration. Il y a donc des hypothèses, où le mari ne peut retenir la dot pour assurer le remboursement des impenses nécessaires ; comme nous allons le voir bientôt, il est presque impossible d'indiquer *à priori,* quelles seront les impenses donnant lieu à *retentio*, quelles seront celles qui n'y donneront pas lieu.

Neratius, dans la loi 15 *h. t.*, nous donne cependant une sorte de *criterium,* à l'aide duquel nous pourrons distinguer les impenses motivant une *retentio,* de celles qui ne la motivent pas. Toutes les fois, nous dit-il, que le mari aura fait sur le fonds dotal une de ces dépenses qui excèdent les frais ordinaires d'administration *(extra tutelam)*, cette dépense sera une impense nécessaire garantie par une *retentio.*

Quant aux dépenses ordinaires, qui restent en général à la charge de celui qui jouit de la chose, si le mari les a faites, il ne pourra en demander la restitution. Evidemment les dépenses considérables, occasionnées par le mauvais état de l'immeuble dotal et faites pour sa conservation, seront des dépenses nécessaires et donneront lieu à *retentio*; en effet nous pouvons dire ici avec Neratius : « *Aliquid extrâ tutelam necessariam in res dotales impensum est.* » Au contraire le mari a nourri à ses frais les esclaves compris dans la dot ; si, par exemple, il a fait aux édifices dotaux des réparations d'une importance modique, il aura bien fait une dépense tendant à conserver le fonds et par conséquent nécessaire, mais elle ne donnera pas lieu à *retentio,* car on estimera que le mari a bien plutôt perçu en moins à titre de revenus ou fruits, qu'il n'a réellement dépensé « *sed ipsæ res ita præstare intelliguntur ut non tam impendas in eas quam deducto eo minus ex his percepisse videaris.* »

La question de savoir dans quels cas une impense motivera ou ne motivera pas une *retentio* sera donc une pure question de fait, et dans cette appréciation on devra tenir compte du principe posé par Nératius et décider que toutes les dépenses de culture, dont le but est, en conservant le fonds, de le rendre plus productif, en un mot, toutes les dépenses qui sont à la charge de l'usufruitier, ne pourront en aucun cas motiver une *retentio;* toutes celles au contraire qui seront faites *extra tutalam necessariam rei,* devront y donner lieu. Neratius donne un exemple d'application de ces principes dans la loi 16, *h. t.*

Parmi les impenses nécessaires, celles qui donnent lieu à *retentio* paraissent, d'après les textes, produire, dès le moment où elles sont faites, un effet immédiat et définitif : *dotem minuunt,* disent les textes. Il est indispensable d'apprécier sainement le sens et la portée de cette expression.

D'après Ulpien (*Loi* 5, *princ. h. t.*) (1), il faut en-

(1) Quod dicitur, necessarias impensas dotem minuere, sic erit accipiendum (ut et Pomponius ait), non ut ipsæ res corporaliter diminuantur, ut puta fundus, vel quodcumque aliud corpus : etenim absurdum est, diminutionem corporis fieri propter pecuniam : ceterum hœc res faciet desinere esse fundum dotalem, vel partem ejus : manebit igitur maritus in rerum detentationem, donec ei satisfaciat ; non enim ipso jure corporum, sed dotis fit diminutio. Ubi ergo admittimus deminutio-

tendre ces mots *minuere dotem* non pas dans le sens d'une diminution matérielle ; il est bien évident que le fonds Cornelien, par exemple, composant la dot ne sera pas physiquement diminué à la suite d'une dépense qu'il a occasionnée ; il serait en effet absurde, dit Ulpien, qu'à raison d'une somme d'argent, une dot immobilière pût être diminuée. Jusqu'ici il n'y a point de difficulté, et le texte de notre loi 5 s'accorde parfaitement avec le paragraphe 3 de la loi 56 *de Jure dotium* attribué à Paul, qui dit formellement que le fonds dotal n'est pas diminué et ne cesse pas d'être dotal pour partie à la suite des impenses nécessaires. Mais la difficulté commence pour expliquer cette phrase de la loi 5 qui suit immédiatement le principe posé par Ulpien, et qui l'énonce ainsi : « *Ceterum hæc res faciet desinere fundum esse dotalem vel partem ejus.* » Ce membre de phrase tendrait en effet à prouver, contrairement au principe posé par Paul dans la loi 56 , que les impenses ont pour effet d'enlever aux choses dotales ou à quelques-unes d'entre elles leurs qualités de choses dotales. En conséquence, il semblerait qu'Ulpien ait voulu seulement dire, dans le commencement de la loi 5, que la dot ne peut pas être matériellement diminuée ; mais que, si la

nem fieri ? Ubi non sunt corpora, sed pecunia : nam in pecuniâ ratio admittit deminutionem fieri. Proindè si œstimata corpora in dotem data sint, ipso jure dos deminuetur per impensas necessarias. Hoc de his impensis dictum est, quæ in dotem ipsam factæ sint : cœterum si extrinsecùs, non imminuent dotem. (Loi 5, princ. de imp. in res. dot. fact.)

dépense égale le quart de la dot par exemple, celle-ci ne comprendra plus que les trois-quarts de sa valeur primitive ; Paul et Ulpien seraient donc en désaccord et il y aurait antinomie flagrante entre les deux textes.

Nous ne pensons pas que cette difficulté soit sérieuse, et notre avis n'est pas qu'il y ait désaccord entre les deux jurisconsultes. En effet, le jurisconsulte Paul pose nettement en principe, dans la loi 56, que les impenses nécessaires diminuent la dot, en ce sens que le mari pourra, en opérant la restitution de la dot, en retenir tout ou partie, à moins que les *impensæ* ne lui soient restituées, mais que les mots *minuere dotem* ne signifient pas le moins du monde que tout ou partie du fonds cessera d'être dotal.

Dans la loi 5, Ulpien nous paraît être absolument du même avis : il commence comme Paul par nous apprendre qu'à la suite des impenses qu'on dit *minuere dotem*, les choses dotales ne sont pas diminuées, c'est-à-dire qu'après la dépense faite, telle partie du fonds ou le fonds dotal en entier, ne cessera pas d'avoir sa qualité de dotal ; mais que, lors de la restitution, le mari pourra retenir les immeubles dotaux pour se couvrir du montant des impenses. Les deux jurisconsultes arrivent au même résultat ; il faut donc nécessairement qu'ils soient partis du même principe. Pour Paul comme pour Ulpien, *minuere dotem* signifie que le mari aura un droit de rétention ; quels que soient les termes qu'ils emploient pour arriver à formuler cette décision, il faut nécessairement qu'ils s'appuient sur des règles de droit identiques, puisque leurs deux décisions le sont aussi.

Sans doute si l'on oppose la phrase : « *Ceterùm hæc res faciet desinere esse fundum dotalem, vel partem ejus : manebit igitur maritus in rerum detentationem, donec ei satisfaciat : non enim ipso jure corporum sed dotis fit deminutio,* » prise isolément, on aperçoit de suite l'antinomie qui existe entre les deux textes. Paul soutient que le fonds ne cesse pas d'être dotal ; Ulpien, au contraire, décide qu'il cesse de l'être pour tout ou pour partie, mais il faut expliquer la phrase douteuse d'Ulpien par celles qui la précèdent et par celles qui la suivent ; on comprend aisément alors comment Ulpien, tout en étant de l'opinion de Paul, a pu s'exprimer en des termes qui paraissent contradictoires avec ceux qu'a employés l'auteur de la loi 56.

Nous ne doutons pas que l'antinomie apparente que nous venons de signaler ne prenne sa source dans les points de vue divers auxquels se sont placés chacun des auteurs de nos deux textes.

Le jurisconsulte Paul, en disant que le fonds ne cesse pas d'être dotal en tout ou en partie, se préoccupe uniquement et spécialement de *l'inaliénabilité du fonds dotal :* la dot ne sera pas diminuée en ce sens, dit-il, qu'une partie de la dot pourra être aliénée postérieurement à l'impense ; mais le mari pourra exercer une *retentio*.

Ulpien au contraire, examine la dot sous un double aspect : au point de vue de l'inaliénabilité d'abord : elle ne sera pas diminuée, nous dit-il, en ce sens, que le mari devienne capable d'aliéner tout ou partie du fonds dotal qui demeurera, après comme avant l'impense, inaliénable. Portant ensuite son attention sur la restitution de la dot qui, si elle conservait sa qualité de dot, au moment de la restitution devrait être rendue *in integrum* à la femme, il explique qu'elle sera diminuée au point de vue de la restitution, et que le mari pourra conserver tout ou partie de la dot pour se payer de ses impenses ; car les dépenses, faites par lui, auront fait perdre aux biens composant la dot leur qualité de biens dotaux pour une valeur égale au *quantum* de la somme par lui nécessairement dépensée. Or, c'est évidemment là la même décision que celle de Paul. Ulpien a du reste bien soin de confirmer et d'expliquer sa décision en terminant sa phrase par ces mots : « *Non ipso jure corporum sed dotis fit diminutio.* »

Des jurisconsultes allemands désireux sans doute de compliquer une question, qui, pour un esprit non prévenu ne paraît pas pouvoir faire doute (1), n'ont pas cru devoir admettre l'explication que

(1) M. Pellat dans son savant traité sur la dot, décide conformément à notre solution sans même laisser supposer qu'une autre solution soit possible.

nous avons proposée : il serait bizarre, disent-ils, que Paul eût seulement pensé, en écrivant le passage qui forme la loi 56, à l'inaliénabilité du fonds dotal, et qu'Ulpien se fût placé à un tout autre point de vue dans la loi 5 ; dès lors, ajoutent-ils, la solution étant en définitive la même, les jurisconsultes ont dû suivre le même raisonnement, et c'est probablement à une erreur de textes qu'est due l'apparente antinomie dont nous nous occupons.

Pour faire cesser la contradiction qui existe dans leur opinion, ils changent le présent du subjonctif, *faciet*, employé dans notre phrase et lui substituent l'imparfait du même verbe de telle façon que la phrase « *ceterum hæc res faciet....* devient une confirmation de l'idée d'abord émise par Ulpien à savoir : que les objets corporels compris dans la dot ne sont pas diminués à la suite des *impensæ*. D'après l'opinion de ces jurisconsultes il faut donc lire : «*Ceterum hæc res faceret desinere esse fundum dotalem vel partem ejus.* » Quelques jurisconsultes prétendent même, que le mot *faciet* peut être traduit avec le même sens que le mot *faceret ;* ils citent à l'appui de leur version, plusieurs passages du Digeste dans lesquels on emploie abusivement comme dans notre hypothèse, le présent pour l'imparfait du subjonctif.

Quoi qu'il en soit de ces différents systèmes, il n'en est pas moins vrai que, de l'avis de tous les commentateurs, nos deux textes sont en parfaite harmonie et que *minuere dotem* signifie, dans l'un comme dans l'autre, donner lieu à la rétention.

On peut donc décider, dès les premiers mots de nos deux lois, que les *impensæ necessariæ* qui donnent ouverture au droit de *retentio* en faveur du mari sont celles qu'Ulpien et Paul disent : *minuere dotem*.

Ce premier point demeurant suffisamment éclairci, voyons en vertu de quels principes et par suite de quelles raisons juridiques, Ulpien pouvait dire dans la loi 5, après avoir affirmé le sens des mots *minuere dotem*, « *absurdum est deminutionem corporis fieri propter pecuniam ?* »

Il est d'abord certain qu'Ulpien ne prétend pas dire qu'à la suite de la *diminutio* dont il s'occupe, le bien constitué en dot sera matériellement amoindri ; sans aucun doute, si la dot est composée de cent *jugera* de terre, par exemple, une impense faite à propos du fonds n'aura pas pour conséquence de le réduire à 80 ; si Ulpien avait prévu la possibilité d'un pareil résultat il aurait eu raison de dire : « *absurdum est*..... Mais évidemment le jurisconsulte n'étudiait pas la question à un point de vue aussi naïf, et il ne voulait certainement pas qualifier d'absurde un résultat impossible *naturâ rerum*. Ulpien n'a donc pas entendu parler d'un amoindrissement matériel, mais il a voulu dire : que si ce fonds dotal, par exemple les cent *jugera* de terre dont nous parlions tout à l'heure, ont une valeur de 100,000 sesterces et qu'une impense de 20,000 ait été faite, la dot ne sera pas diminuée d'un cinquième de sa valeur ; même en se plaçant à ce point de vue on comprend la qualification énergique que le jurisconsulte applique à l'idée que la diminution de la dot pourrait avoir lieu à cause d'une somme d'argent.

Si cette diminution opérait ainsi, il faudrait décider que c'est en vertu d'une compensation que ce résultat arriverait; or pour qu'il y ait compensation, il faut nécessairement que les deux dettes soient de même nature : le débiteur ne peut pas se libérer en payant une chose autre que celle qu'il doit : *(aliud pro alio invito creditori solvi non potest)* : or le mari, débiteur de la dot, doit la restituer *in specie,* si elle a eu pour objet des corps certains ; la femme est débitrice d'une somme d'argent et doit la payer au mari : il n'y a pas là les éléments essentiels à une compensation et dès lors Ulpien a raison de dire : il serait absurde d'admettre *deminutionem corporis fieri propter pecuniam.* Cela serait étrange en effet : car on violerait ce principe de droit qui exige que le débiteur s'acquitte en payant la chose due, et non pas en forçant le créancier à recevoir autre chose ; enfin, si la diminution avait lieu de plein droit comme à la suite de la compensation, la dot deviendrait en tout ou en partie aliénable, contrairement à la disposition de la loi Julia. La conséquence de cette idée d'Ulpien, c'est que, dans son opinion comme dans celle de Paul, il y a seulement ouverture au droit de rétention ; et Ulpien appuie sa décision de cette raison, à son sens décisive : « *non enim ipso jure corporum sed dotis fit diminutio.* »

Le même jurisconsulte Ulpien dans la loi 1 § 4 D. liv. XXIII tit. IV, *de dote prælegatâ,* donne en quelque sorte une paraphrase de l'idée que nous venons de rapporter ; il dit en effet : les *impensæ necessariæ* diminuent la dot de plein droit, mais ces expressions *diminutio ipso jure* ne signifient pas que les choses comprises dans la dot cesseront d'être dotales pour partie, mais que l'*universitas juris,* appelée dot, sera de plein droit diminuée (1).

Or, c'est bien là l'effet ordinaire de la *retentio,* qui n'enlève rien et ne diminue en aucune façon chacun des objets corporels compris dans l'universalité, mais qui porte atteinte cependant à l'intégrité du droit du revendiquant.

Après avoir posé son principe et avoir indiqué ce que l'on entend par *minuere dotem,* Ulpien se demande s'il n'y aura pas des hypothèses, dans lesquelles on pourra dire que la dot est matériellement diminuée, en donnant à ce mot son sens technique et habituel ; il répond affirmativement à cette question, et décide que lorsque la dot consistera en une somme d'argent, si des impenses nécessaires sont faites, il y aura diminution matérielle de la dot : car, ajoute-t-il, les principes du droit *(ratio)* conduisent à admettre dans ce cas particulier une diminution *ipso jure.*

(1) « Impensæ autem ipso jure dotem minuunt : sed quod diximus ipso jure dotem impensis minui, non ad singula corpora, sed ad universitatem erit referendum. » (D. Loi 1, § 4 de dot. prælег.)

La solution que donne Ulpien est juridiquement très-exacte ; mais il nous semble qu'elle ne sera presque jamais applicable en pratique : on comprend en effet difficilement que des impenses nécessaires soient faites pour la conservation d'une somme d'argent ; sans doute on pourrait trouver des cas dans lesquels le mari serait astreint à faire de pareilles dépenses ; mais ces hypothèses étant très-rares, il est peu probable que le jurisconsulte les ait eues en vue. A notre avis, Ulpien, en parlant de sommes d'argent constituées en dot, pensait probablement aux créances entrées dans la dot et qui sont, en définitive, la représentation d'une somme d'argent. En conséquence il nous semble que l'idée du jurisconsulte était, que lorsque le mari aurait fait une impense nécessaire pour le recouvrement d'un *nomen*, l'impense diminuerait *ipso jure* le fonds dotal. On peut remarquer qu'alors même que le jurisconsulte aurait eu uniquement en vue une somme d'argent, sa décision pourrait être étendue aux *nomina :* en effet lorsque des créances ont été constituées en dot, le mari a le droit de les réaliser ; il est même obligé de poursuivre les débiteurs dans la crainte d'une insolvabilité future. Or, si la réalisation a lieu, la dot consistant d'abord en créances sera remplacée par une dot en argent ; dans tous les cas le mari n'aura à restituer à la dissolution du mariage qu'une somme déterminée, et dès lors sa créance étant de la même nature que celle de la femme, on comprend que la diminution puisse avoir lieu *ipso jure.* Si donc le mari a fait certaines dépenses pour conserver ou réaliser quelques créances de la femme, il pourra se payer sur la réalisation des autres créances ; il n'y aura plus lieu dès lors à un droit de rétention, mais à une simple compensation. L'observation que nous venons de faire nous paraît prouvée jusqu'à l'évidence par la suite du texte que nous étudions ; nous voyons en effet, dans la loi 5, que si la dot consiste en objets corporels estimés lors de la constitution, elle est diminuée de plein droit par les impenses nécessaires ; or quel est le motif de cette décision ? C'est que l'estimation permet au mari d'opérer la restitution non pas en espèces, mais à l'aide d'un équivalent pécuniaire. De telle sorte que les créances du mari et de la femme étant de même nature, la compensation peut avoir lieu ici. Dans l'hypothèse des *nomina,* la situation est identique et par conséquent la décision doit être la même.

Paul, dans la loi 56, prévoit l'hypothèse où un mari a fait, à plusieurs reprises, à l'occasion du fonds dotal, des impenses dont le total est égal à la valeur de la dot, et il dit que dans ce cas le fonds cesse d'être dotal en entier ; la *diminutio,* dans l'espèce prévue, devrait donc être une *diminutio ipso jure.* Or il importe de rechercher s'il est nécessaire, ainsi que le dit Paul, d'après son maître Scævola, que les dépenses aient été faites par parties, ou bien si le même résultat se produirait, alors qu'une dépense, égale à la valeur du fonds, aurait été faite d'un seul coup par le mari. Nous pensons, quoiqu'on ait voulu soutenir le contraire, que les impenses ont dû être faites successivement, et nous n'hésitons pas à dire que c'est seulement dans ce cas qu'il y a *diminutio ipso jure*.

En effet, pour que la dépense ait le caractère spécial aux *impensæ necessariæ*, il faut qu'elle ait pour but la conservation de la dot, et que le mari soit tenu à des dommages-intérêts pour le cas où il n'aurait pas fait la dépense ; or le mari peut-il être responsable, et un dommage peut-il résulter pour la femme du défaut d'impense, si le mari a négligé ou n'a pas voulu employer à la conservation du fonds dotal une somme égale à la valeur de ce fonds ? Il nous paraît certain que non ; si le mari avait fait l'impense, il aurait, par cela seul, anéanti le fonds dotal et la femme en aurait été dépouillée. Que le mari ait ou n'ait pas dépensé, le fonds dotal disparaît pour la femme, et par conséquent elle ne peut pas se plaindre de l'abstention du mari, qui, en définitive, ne lui cause aucun préjudice.

Les mots *per partes* ont donc dans le texte une importance décisive, et pour que la dot soit absorbée en totalité par les impenses, il faut nécessairement qu'elles aient été faites *per partes;* on comprend très bien que si l'immeuble dotal d'une valeur de 100,000 sesterces par exemple, exige une dépense conservatoire de 20,000 sesterces, à défaut de laquelle l'immeuble pourrait perdre toute sa valeur, le mari agira en bon père de famille en employant à sa réparation la somme de 20,000 sesterces ; si, plus tard, une nouvelle réparation devient urgente, le mari par les mêmes motifs devra y procéder et ne pourra pas s'abstenir sous peine de dommages-intérêts; car la femme pourrait avec raison lui dire : Vous devez administrer en bon père de famille, vous êtes tenu d'apporter à la conservation de la chose dotale les soins d'un homme diligent, et par conséquent vous auriez dû procéder à la réparation de l'immeuble dotal, alors même que l'impense n'aurait abouti qu'à conserver une fraction minime de la valeur de ma dot. On conçoit donc que si la dernière dépense faite par le mari, additionnée avec le total des dépenses précédentes, compose une somme supérieure à la valeur du fonds conservé, ce mari n'ait aucun reproche à se faire : car cette dernière impense aura, en conservant le fonds, conservé toutes les autres dépenses qui, sans elle, auraient été certainement perdues. A la vérité, le fonds cessera bien d'être dotal dans cette hypothèse, comme quand la dépense aura été faite d'un seul coup : en cas de dépenses successives le mari n'est nullement en faute ; dans le cas contraire d'une dépense égale ou supérieure à la valeur du fonds dotal faite d'un seul coup, on peut lui reprocher d'avoir fait une réparation qui *à priori* peut paraître une dépense conservatoire, mais qui en fait ne le serait pas, si la *diminutio dotis* avait lieu *ipso jure* dans cette hypothèse. Une

Scholie des Basiliques (29, 1, 52, Schol. 0, 4, tom. III, page 392), ne laisse aucun doute à ce sujet, d'après la traduction que M. Pellat donne de ce passage : « Un mari serait blâmable d'avoir dépensé » sur un fonds valant 400 écus, une somme de 400 » écus en une seule fois. Sa faute ne pourrait don- » ner naissance en sa faveur à un droit qui abou- » tirait au dépouillement de la femme ; c'est pour- » quoi le jurisconsulte Scœvola suppose avec raison » que la dépense a été faite par parties. »

Quant à l'observation qui suit, dans la loi 56, la règle posée par Scœvola, et de laquelle il résulte que le fonds à l'occasion duquel on a fait *per partes* une dépense qui en absorbe la valeur, cesse d'être dotal, à moins que la femme ne rembourse au mari dans le délai d'un an les impenses par lui faites, elle n'est pas du jurisconsulte à qui les compilateurs des Pandectes ont voulu l'attribuer.

Il faut remarquer qu'en décidant que la dot cesse d'exister dans notre hypothèse, le jurisconsulte tire des principes juridiques les conséquences qu'il lui paraît logique d'en déduire; mais comment pourrait-il se faire que Scœvola ait pu fixer un délai invariable pendant lequel la femme pourrait rendre la qualité de dotale aux choses qui avaient cessé de l'être? Evidemment un jurisconsulte ne peut procéder ainsi, comme le dit M. Pellat (pag. 268, textes sur la dot), « cette fixation arbitraire semble plus en harmonie avec les allures législatives de Tribonien, qu'avec les habitudes interprétatives d'un ancien jurisconsulte. » Il est donc probable que ces mots *nisi sponte, etc.* auront été ajoutés au texte de Scœvola par Tribonien ou ses collègues. Cette opinion adoptée par M. Pellat, l'avait été d'abord par Cujas (Obs. 23. 12, tom. III, p. 623), où ce savant commentateur s'exprimait ainsi : « *Nec enim potuit jurisconsultus huic rei finire annum. Temporum finitio ad leges pertinet aut constitutiones, non ad jurisconsultos.* »

Après avoir indiqué l'opinion de Scœvola, Paul, dans la loi 56, décide d'après Nerva que dans l'hypothèse où il s'agit d'une dot ayant pour objet un corps certain et de l'argent, les impenses nécessaires faites à l'occasion du corps certain diminuent *ipso jure* la dot pécuniaire. Il y a bien là en effet les éléments nécessaires à la compensation ; enfin le jurisconsulte revenant à la décision de Scœvola se demande, si, lorsque les impenses partielles absorbent la valeur totale du fonds, et que la femme paie au mari la valeur de ses impenses, on peut dire que la dot a augmenté, de telle façon que la dot primitivement constituée soit toujours considérée comme existante, ou bien si l'on doit adopter de préférence une solution contraire et admettre que la dot primitivement constituée, et définitivement anéantie est remplacée par une nouvelle dot.

Pour le cas où il s'agit d'une dot purement pécuniaire, il y a peu d'intérêt, on le comprend, à savoir si elle s'augmente ou si elle est renouvelée ; aussi Paul n'examine-t-il pas la question à ce point de vue ; mais Ulpien, dans la loi 5 § 1, *de imp. in res dot. fact.*, admet que dans cette hypothèse la dot ancienne subsiste et se trouve augmentée de tout ce que la femme a payé au mari pour le désintéresser du montant de ses avances.

Mais il est important de voir quelle solution devra être admise lorsque la dot sera composée de corps certains : car ceux qui composent la dot étant inaliénables pendant le mariage, si on décide que la dot primitive existe, mais qu'elle est augmentée à suite du paiement fait par la femme, il devient évident qu'elle n'aura jamais pu être aliénée. Si, au contraire, on adopte la seconde solution qui consiste à traiter la somme payée par la femme comme une nouvelle constitution dotale, la dot primitive, n'ayant plus cette qualité, pourra être valablement aliénée.

Nous pensons avec M. Pellat que, quelle que soit la solution à laquelle on s'arrête, on arrive dans tous les cas à des conséquences fâcheuses, et dont l'iniquité est déjà constatée par Paul dans le texte de la loi 56 *in fine*.

Supposons d'abord que des impenses partielles, absorbant la valeur du fonds, aient été faites ; si nous admettons avec la première opinion que le fonds cesse d'être dotal, mais qu'il le redevient après le paiement fait par la femme, il faudra bien décider que la vente, faite pendant la non dotalité, devra être résolue lorsque l'immeuble sera redevenu dotal ; d'où un préjudice considérable frappera l'acheteur ou le mari tenu de la garantie en cas d'éviction.

Si au contraire, adoptant la seconde solution, on voit dans le paiement fait par la femme une nouvelle dot substituée à l'ancienne, on est contraint de décider que malgré la volonté de la femme la dot aura changé de nature, et qu'en échange d'un droit immobilier parfaitement garanti, elle aura acquis contre son mari un simple droit de créance.

On le voit, soit que l'on adopte la première ou la seconde des solutions proposées par Scœvola, on arrive toujours à une flagrante injustice, que Paul proclame être la conséquence de l'une ou de l'autre des deux décisions de Scœvola : car d'après nous, les mots *cujus rei manifestior iniquitas* s'appliquent dans le texte de la loi 56 aux deux hypothèses, quoique quelques commentateurs anciens aient voulu dire que Paul n'entendait qualifier ainsi que l'une des deux opinions du jurisconsulte qu'il citait.

Il doit nécessairement paraître étrange que Paul, touché de l'injustice des solutions de Scœvola ait adopté l'une d'elles, et ait décidé qu'à la suite du paiement, le fonds redeviendrait dotal ; il est surtout extraordinaire que Paul ait introduit dans la solution qu'il adopte un tempérament peu conforme aux principes, à savoir que l'aliénation du fonds qui a cessé d'être dotal sera impossible précisément à l'époque où elle pourrait avoir lieu conformément aux règles sur la dot : « *Magis est*, nous dit-il, *ut ager in causam dotis revertatur sed interim alienatio fundi inhibeatur.* »

Nous pensons, avec M. Pellat, qui a suivi ici l'opinion de Cujas, que cette dernière phrase doit avoir été ajoutée au texte de Paul par les compilateurs du Digeste, ainsi que semble l'indiquer le mot *ager* employé à la place du mot *fundus* toujours répété dans le commencement du texte.

Quoi qu'il en soit de cette conjecture, il n'est pas moins certain, que, lorsque les impenses ont dépassé la valeur totale du fonds, le fonds cesse d'être dotal, mais que la femme, en les remboursant, au moins dans l'espace d'un an, peut restituer au fonds la qualité qu'il a perdu, et, pour le cas où le paiement serait fait par la femme, on décide que l'aliénation du fonds, même pendant la période de la non-dotabilité, sera impossible.

Mais dans le droit de Justinien, pendant quel espace de temps le fond qui aura cessé d'être dotal conservera-t-il son inaliénabilité et à partir de quel moment le fonds cessera-t-il d'être dotal ? Telle est la question que nous avons à résoudre, et sur laquelle l'opinion de Cujas et celle de Gluck sont en opposition.

Suivant Cujas, le fonds cesse d'être dotal à l'expiration de l'année accordée à la femme pour rembourser les impenses au mari; il devient alors aliénable; mais la femme peut plus tard, en désintéressant le mari, restituer au fonds sa qualité de fonds dotal.

Suivant Gluck et M. Pellat, le fonds cesse d'être dotal, dès le moment où les diverses sommes dépensées, étant additionnées, leur total absorbe toute la valeur du fonds. Mais la femme jouit d'un délai d'un an pour rembourser son mari; si, pendant cette période, poussée par un intérêt d'affection, elle désire recouvrer le fonds dotal, la loi lui en accorde la faculté, et, à la suite du paiement fait au mari, le fonds redevient dotal. Pour en assurer la propriété à la femme, on décide que pendant le même espace de temps, le fonds quoique non dotal, ne pourra pas être aliéné. Nous n'hésitons pas à admettre ce second système qui nous paraît plus logique, et qui offre l'avantage d'éviter les recours qui pourraient, dans l'autre opinion, être exercés contre le mari.

En résumé, des lois 56 § 3 D. *de jure dotium* et 5 D. *de impensis in res dotales factis*, nous pouvons déduire, que la dot est diminuée, à suite des impenses nécessaires, *ipso jure*, dans les hypothèses suivantes :

1° S'il s'agit d'une dot pécuniaire;

2° Si elle se compose d'un fonds qui a été estimé de telle façon que la restitution doive comprendre une somme d'argent ;

3° Si ce sont des *nomina* qui composent la dot.

4° Si celle-ci comprend un fonds et une somme d'argent ;

5° Il y a encore diminution *ipso jure,* si la dot comprend seulement un corps certain à l'occasion duquel le mari a fait des impenses successives, dont le total égale ou dépasse la valeur entière du fonds, qui se trouve en conséquence absorbé. Dans cette hypothèse, le fonds redevient dotal, si la femme a payé les impenses à son mari dans le délai d'un an à dater du jour où la dernière impense a été faite.

Hors ces cas, la diminution, qui aura lieu à la suite d'impenses, n'opérera pas comme précédemment ; elle conférera au mari un droit de rétention qu'il pourra exercer au moment de la restitution de la dot. Si le mari a rendu le fonds dotal sans profiter du droit de rétention qui lui compète, il peut, d'après Ulpien. (Loi 5. § 2, *de Imp. in res. dot. fact*), suppléer à la compensation omise par une *condictio* qui sera nécessairement une *condictio indebiti.* Marcellus était du même avis qu'Ulpien : mais un grand nombre de jurisconsultes avaient une opinion contraire ; celle que nous venons de rapporter avait été admise et consacrée par Justinien.

§ II. — IMPENSES UTILES.

Nous avons défini les impenses utiles, d'après le § 3 de la loi 4 D, *de impensis in res dotales factis.* Ce sont, avons nous dit, les dépenses qui améliorent la dot, mais en l'absence desquelles elle ne serait pas diminuée *(quibus non factis deterior non fieret.)*

En principe, les impenses utiles ne donnent pas ouverture au droit de rétention : c'est ce que nous dit Ulpien dans la loi 8. D. h. t. La décision de ce jurisconsulte nous paraît aussi légitime au point de vue du droit, qu'au point de vue de l'équité.

Le mari n'est pas tenu de faire des dépenses pour l'amélioration du fonds ; s'il y procède de son chef, il pourra sans doute réclamer à la dissolution du mariage la plus-value provenant de ses déboursés ; et si la femme est dans une situation telle, qu'elle puisse désintéresser le mari sans un préjudice trop grave, elle devra être obligée au remboursement des impenses utiles. Si, au contraire, la femme ne pouvant disposer d'autres biens, doit nécessairement arriver, pour payer les impenses utiles, à vendre le fonds dotal, on ne pourra la condamner au remboursement ; car il n'a point pu dépendre du mari d'obliger par son fait la femme à aliéner le fonds dotal.

Il n'y avait qu'un cas où le mari fût certain d'être désintéressé des dépenses utiles : c'était celui où il les avait faites sur le mandat de sa femme, *(voluntate mulieris)*. Alors il avait le droit de retenir le fonds dotal et pouvait ne le restituer que lorsqu'il était intégralement désintéressé.

Il semble que le mari aurait dû agir par l'action *mandati directa,* puisqu'il demandait en somme à la femme de le désintéresser des suites du mandat ;

mais, ainsi que le dit M. Pellat (page 39, *Textes sur la dot)*, le mari étant pendant le mariage propriétaire des choses pour lesquelles il avait dépensé, on avait hésité à lui accorder l'action *mandati*. Du reste, à l'époque de Justinien, ainsi que nous le voyons dans la constitution *uniq*. C. tit. XIII, l'action *mandati* était accordée au mari dans notre hypothèse.

Il est presqu'inutile d'ajouter, que lorsque la femme, sans avoir donné mandat au mari, devait cependant lui rembourser les dépenses utiles, celui-ci avait pour l'y contraindre le droit de *retentio*. Puisque pendant le mariage il était propriétaire du fonds dotal, on ne pouvait lui permettre d'agir par l'*actio negotiorum gestorum*; il était donc indispensable de mettre entre ses mains le seul moyen efficace pour la réalisation de son droit, c'est-à-dire la *retentio*.

§ III. — IMPENSES VOLUPTUAIRES.

Les impenses voluptuaires, c'est-à-dire celles qui ont pour but l'agrément du fonds dotal, ne donnent jamais lieu à un recours du mari contre sa femme; alors même que celle-ci lui aurait donné mandat de les faire, il n'aurait pas d'action pour les répéter « *in voluptariis impensis, Aristo scribit nec, si voluntate mulieris factæ sunt, exactionem parere.* »

Est-ce à dire que la femme pourra profiter des dépenses de luxe faites par son mari sur le fonds dotal, sans lui payer aucune indemnité ? Evidemment non : la loi 9. *h. t.* décide en effet, que l'épouse ne sera pas tenue de rembourser à la dissolution du mariage le montant des impenses voluptuaires, mais à la condition toutefois d'enlever les choses dont la distraction est possible sans que le fonds soit détérioré ; quant à celles qui ne sont pas susceptibles d'être enlevées sans dommage pour le fonds, elles seront acquises à la femme et perdues pour le mari imprudent.

DE RETENTIONE PROPTER RES DONATAS.

Le jurisconsulte Ulpien s'exprime ainsi dans la loi I, liv. XXIV, tit. I, D. *de donationibus inter virum et uxorem*, « *moribus apud nos receptum est, ne inter virum et uxorem donationes valerent : hoc autem receptum est ne mutuato amore invicem spoliarentur, donationibus non temperantes, sed profusâ ergâ se facilitate.* »

Les donations, faites contrairement à la prohibition de la loi, étaient, d'après le même jurisconsulte (Loi 3, § 10. D. liv. XXIV, tit, I), nulles et de nul effet. Sans doute, il résulte bien de la loi 32 pr. et § 1, et de la loi 2 D. *eod. tit.* que l'empereur Antonin avait affaibli un peu la rigueur de la prohibition légale, en ce sens que la donation, faite par un époux à l'autre époux, pouvait être confirmée par la volonté expresse ou tacite, manifestée par le donateur au moment de son décès : mais les donations n'en étaient pas moins prohibées entre époux, même dans le dernier état du droit, et le donateur pouvait toujours réclamer la chose donnée à l'époux donataire conformément au principe écrit dans la loi 5 § 18 et dans la loi 36 pr. D. *eod. tit.*

Ainsi, il était de règle, que, lorsqu'une donation avait eu lieu entre époux, le donateur pouvait la révoquer à son gré, et revendiquer la chose donnée entre les mains du donataire, si elle existait encore, ou bien agir contre lui par la *condictio*, si la chose donnée avait cessé d'exister. Dans ce dernier cas, on ne pouvait agir par l'action personnelle que dans les limites de l'enrichissement du donataire.

Pour assurer au donateur un recours efficace contre le donataire, on lui accordait un droit de rétention sur les biens dotaux, de telle façon qu'à la dissolution du mariage, le mari donateur pouvait dire à la femme qui l'actionnait en restitution de la dot : je retiens tout ou portion du bien dotal, jusqu'au moment où vous m'aurez restitué vous même les choses que je vous ai données pendant le mariage, et que vous avez à me rendre en nature si elles existent encore, ou en argent si elles n'existent plus ; car je vous les avais données contrairement à la loi.

Le droit *de retentio propter res donatas* est donc une sanction de la disposition contenue dans la loi 1. D. liv. XXIV. tit. 1, et en vertu de laquelle les donations entre époux sont prohibées.

Nous pouvons citer trois textes desquels on peut déduire avec certitude l'existence de notre *retentio*, c'est, d'abord le § 9 tit. VI des Règles d'Ulpien « *retentiones ex dote fiunt. . . . . propter res donatas,* » puis la loi 66, § 1, D. liv. XXIV, tit. 1 : dans ce texte, en effet, Scœvola, prévoyant le cas où une donation aurait été faite par un *futur* époux à sa *future* épouse, décide que cette donation ne pourra pas donner naissance au droit de rétention.

C'est donc que, dans le cas inverse et si la donation avait eu lieu entre époux, sa solution eût été contraire. Enfin, il résulte aussi de la loi 15, § 1 D. *Solut. mat.*, qu'une *retentio* est possible *propter res donatas*.

La *retentio propter res donatas* offrait, du reste, les mêmes caractères que les *retentiones* dont nous nous sommes déjà occupés : c'est probablement pour ce motif qu'Ulpien se borne à la citer dans son titre VI *de Dotibus*.

DE RETENTIONE OB RES AMOTAS.

Il était de principe à Rome que toute *actio turpis* devait être refusée à l'un des époux contre l'autre. En conséquence lorsque l'épouse soustrait au mari, pendant le mariage, des choses mobilières, celui-ci ne pouvait, même après sa dissolution, agir par l'*actio furti*. Les jurisconsultes reconnaissaient bien que le fait de la femme constituait un vol, quoique cela eût été contesté : mais *in honorem matrimonii*, ils refusaient au mari l'action qui en dérivait. (Loi I, § 2 D. *de Act. rer. amot.*)

Il fallait cependant garantir le mari contre les détournements dont la femme aurait pu se rendre coupable, tant sur les biens dotaux que sur ceux du mari ; c'est dans ce but que l'*actio rerum amotarum* avait été introduite dans le droit. Ainsi toutes les fois que la femme avait, en vue du divorce, (*divortii consilio*), soustrait quelque chose au mari, celui-ci pouvait, après le divorce, intenter contre elle l'action dont nous nous occupons. Du reste, de ce que cette action n'était possible qu'après la dissolution du mariage, il ne faut pas conclure que le mari fût dépourvu de tout recours contre sa femme pendant la durée de l'union, en cas de détournement provenant du chef de cette femme ; dans cette hypothèse, il avait une *condictio*, ainsi que le constate Marcellus, Loi 25. *D. h. t.*; du reste, le mari, demeurant dans les deux cas propriétaire de la chose volée, avait droit aussi à l'action civile en revendication et pouvait utilement l'intenter. (Loi 24, *D. h. t.*)

Pour faciliter au mari le recouvrement de la chose soustraite, ou, pour mieux dire, afin de garantir efficacement la créance qui prenait naissance en sa faveur à suite du vol, on lui accordait le droit de retenir les choses dotales, réclamées par la femme lors de la dissolution du mariage, jusqu'au moment où il serait désintéressé.

Cette *retentio,* qui vient suppléer et prévenir l'*actio rerum amotarum*, est consacrée par un texte d'Ulpien, loi 6 § 9, et par la loi 15 § 1, D. *soluto matrimonio* (liv. XXIV, tit. III), que nous avons déjà citée.

DROIT FRANÇAIS.

SÉPARATION DE BIENS.

INTRODUCTION GÉNÉRALE.

Le contrat pécuniaire de mariage est appelé à exercer l'influence la plus décisive sur la vie civile des futurs époux et sur la prospérité de leur association. Ce contrat est, en effet, étroitement lié au mariage lui même; car les stipulations intervenues ou à intervenir, sont toujours la condition, sinon la cause déterminante de l'union: c'est une convention destinée à réagir contre les tiers; le législateur devait donc s'en préoccuper vivement, au triple point de vue de l'intérêt général de la société, des époux, et de ceux qui auront plus tard à traiter avec eux.

Les conventions matrimoniales doivent être rédigées par acte devant notaire (art. 1394, C. N.) : la présence d'un officier public constitue une garantie de sincérité, en même temps que la forme notariée assure l'immutabilité du contrat. Les stipulations, une fois arrêtées, ne peuvent recevoir aucun changement après le mariage : en effet, dans les jours qui précèdent la célébration de l'union civile, il y a, de part et d'autre, indépendance et liberté : mais ensuite les situations changent ; du côté du mari, se trouvent l'autorité et la force, du côté de la femme, la faiblesse et la soumission. Permettre alors aux époux de modifier leurs conventions matrimoniales, c'eût été ouvrir la carrière aux obsessions, aux violences peut-être ; c'eût été s'exposer à compromettre gravement la paix du ménage et la bonne harmonie des conjoints. C'eût été, en tout cas, leur fournir un moyen facile d'éluder, par des libéralités indirectes et irrévocables, la disposition de l'art. 1096 ou celle de l'art. 1097.

Il y a cependant des excès en présence desquels on ne pouvait pas laisser la femme désarmée : celle-ci doit être l'associée du mari et trouver au foyer domestique l'honneur et la dignité ; les efforts communs des époux doivent converger vers un seul point, qui est d'assurer le bien-être de la famille et l'avenir des enfants. Le mari, dissipateur et prodigue, dont les spéculations malheureuses peuvent mener à la ruine, trouve un frein dans l'intervention de la justice et dans le remède extrême de la séparation de biens, lorsque les parties trop confiantes ont omis de prendre leurs précautions à l'origine, dans le contrat de mariage.

Merlin, dans son répertoire, au mot séparation de biens section II, paragraphe I, nous apprend que l'idée de la séparation de biens remonte aux lois romaines, si jalouses d'assurer la conservation des dots, pour permettre aux femmes de nouvelles unions « *publicè interest,* dit la loi 1 au Digeste, solut. mat. liv. 24, tit. 3, *dotes mulieribus conservari, cum dotatas esse feminas ad sobolem procreandam replendamque liberis civitatem, maximè sit necessarium.* » Les pays de droit écrit, en adoptant le régime dotal, et les pays de droit coutumier, si attachés au régime de la communauté, s'habituèrent également à admettre le droit pour la femme de se faire restituer par anticipation sa dot en cas de mauvaise administration du mari. « Il fallait sauver l'avenir, dit M. Troplong, (Cont. de mariage, tome 2, p. 1309), et empêcher une ruine imminente ; les fautes du mari ayant signalé son incapacité, l'intérêt public exigeait qu'il fût déchargé d'une administration au-dessus de sa prudence. On arrêtait l'association, lorsque, sans avoir encore touché le fond de l'abime, elle était sur le penchant qui y conduit. »

Quant aux causes donnant ouverture à la séparation de biens, dans les pays de droit écrit, on se référait le plus habituellement aux textes du Digeste, et notamment aux lois 22 et 24 D. sol. matr., à la loi 29 C. *de jure dotium*, et à la *novelle* 97, chap. VI de Justinien.

Les coutumes étaient loin de prévoir limitativement les faits pouvant motiver les demandes en séparation de biens : on était donc, même dans les pays de coutumes, obligé de remonter fréquemment au droit romain comme raison écrite. D'autre part nos anciens auteurs nous apprennent que les décisions, émanant des différentes juridictions, étaient loin de présenter entr'elles une harmonie parfaite. En effet Lebrun s'exprime ainsi, dans son traité de la communauté. « Les séparations sont ordinairement accompagnées de beaucoup d'équité ou de beaucoup d'injustice, ce qui dépend des circonstances ; on les doit quelquefois accorder pour l'intérêt du sexe et pour celui de toute une famille, à qui la séparation de la mère est tout une ressource ; quelquefois encore on les doit refuser pour la gloire du sexe, qui ne doit pas venir aux dernières extrémités, pour quelques pertes que cause la mauvaise fortune. »

Toutefois, si l'on jette un coup-d'œil d'ensemble sur l'esprit des diverses décisions rapportées par nos anciens auteurs, on arrive à cette conclusion, que la jurisprudence n'admettait la séparation de biens que dans les cas où les droits de la femme se trouvaient compromis ou du moins sérieusement menacés. Il n'était pas nécessaire d'attendre, que l'insolvabilité du mari fût consommée, il suffisait que son administration inconsidérée dût nécessairement entraîner l'amoindrissement des ressources nécessaires à l'entretien de la famille. Aussi nos anciens auteurs voyaient-ils avec raison dans l'interdiction judiciaire du mari un motif suffisant pour prononcer la séparation de biens (1).

Certains arrêts avaient tenté de faire prévaloir le principe de la validité des séparations volontaires ; mais cette opinion fut repoussée par la majorité des parlements, et définitivement condamnée par l'art. 198 de la coutume d'Orléans ainsi conçu : « Les séparations de biens doivent se faire avec connaissance de cause, et information préalablement faite par le juge des lieux où demeureront ceux qui requerront les dites séparations, et ne seront les dites séparations déclarées valables, sinon que les sentences de celles-ci aient été publiées en jugement, à jour ordinaire, le juge séant, et enregistrées en la juridiction dudit juge et exécutées sans fraudes. »

Il y avait également controverse sur la détermination des personnes pouvant demander la séparation de biens. Pothier nous apprend, au n° 513 de son traité de la communauté, que la doctrine généralement admise ne reconnaissait ce droit qu'à la femme.

La séparation de biens, une fois prononcée, avait

(1) Lebrun, *Communauté* ; 1re partie, chap. IX n° IV. — Roussilhe, tome II, n° 481. — D'Argentré, *Sur la coutume de Bretagne*, 433.

pour effet de dissoudre la communauté, et Pothier constate (com[té] n° 521) que l'usage constant du Chatelet était de donner aux sentences de séparation de biens, un effet rétroactif au jour de la demande en séparation, et de regarder la communauté comme ayant cessé et comme dissoute de ce jour.

La femme était investie par la séparation de biens d'une capacité assez large : elle pouvait, sans autorisation, s'obliger dans les limites des actes de libre administration : mais elle devait être autorisée, soit de son mari, soit de justice, pour aliéner ou hypothéquer ses immeubles. La femme, dit de Laurière, (sur l'art. 254 de la coutume de Paris, tome II, page 222), devient, lorsqu'elle est séparée, « en tout semblable au mineur émancipé, lequel n'a que la libre administration de ses revenus et de ses meubles sans pouvoir ni vendre, ni engager ses immeubles. »

La séparation de biens survenue pendant le mariage, à la différence de la séparation organisée dans le contrat originaire, était essentiellement temporaire et révocable : les époux, d'un commun accord, pouvaient rétablir la communauté dissoute : ce rétablissement était rétroactif dans les rapports respectifs des époux ; mais il ne pouvait pas, bien entendu, préjudicier aux droits légitimement acquis à des tiers, dans l'intervalle du jugement de séparation de biens à la renonciation faite par les conjoints au droit résultant de cette décision judiciaire.

Le rétablissement de la communauté devait être absolu et inconditionnel ; toute convention, en effet, qui aurait eu pour résultat de modifier l'application du pacte matrimonial primitivement accepté, était frappée de nullité radicale et perpétuelle.

Tous ces principes, du reste, étaient soumis à une infinie variété : l'expression de la vérité changeait suivant les pays et suivant les coutumes ; les principes devenaient en quelque sorte une affaire de méridien, et, dans notre matière comme dans beaucoup d'autres, on pouvait appliquer avec raison la critique si juste de Voltaire s'écriant : « Lorsqu'un homme voyage en France, il change de lois presqu'autant que de chevaux. »

Il appartenait aux rédacteurs de nos lois nouvelles de faire cesser ces divergences et ces controverses, aussi préjudiciables à l'intérêt public qu'à l'intérêt privé, en fondant définitivement dans notre pays l'unité de législation, et en réunissant dans un petit nombre de textes faciles à consulter, les différentes règles essentielles au développement régulier des relations sociales. Nous avons à étudier leur œuvre législative.

La séparation de biens, dans le système du Code Napoléon, peut résulter, soit de la convention des parties, insérée dès le principe, au contrat de mariage (1536—1539), soit d'un jugement intervenu durant le mariage (1443—1452.)

La séparation de biens, résultant d'un jugement, est tantôt principale, tantôt accessoire : elle peut être, en effet, prononcée directement par les tribunaux pour sauvegarder les intérêts pécuniaires de la femme gravement exposés : elle peut aussi découler, comme conséquence nécessaire et implicite, en vertu de l'art. 311 du Code Napoléon, du jugement qui admet la séparation de corps.

Notre étude portera sur la séparation de biens judiciaire, telle qu'elle est organisée par les articles 1443 et suivants du Code Napoléon ; nous signalerons, à mesure qu'elles se présenteront, les dissemblances qui peuvent exister entre les différentes variétés de séparation de biens. Il y aura ainsi plus d'unité dans le plan de notre travail.

Nous nous proposons de le diviser en cinq chapitres :

1° Par quelles personnes la séparation de biens peut-elle être demandée ?

2° Dans quels cas et pour quelles causes?

3° Quelle est la procédure à suivre ?

4° Quels sont les effets de la séparation de biens?

5° Quel est le caractère de la séparation de biens judiciaire ; comment peut-elle cesser et à quelles conditions les époux peuvent-ils rétablir la communauté dissoute ?

CHAPITRE PREMIER.

Par quelles personnes la séparation de biens peut-elle être demandée ?

L'article 1443 est ainsi conçu :

« La séparation de biens ne peut être poursuivie » qu'en justice par la femme dont la dot est mise » en péril, et lorsque le désordre des affaires du » mari donne lieu de craindre que les biens de » celui-ci ne soient point suffisants pour remplir » les droits et reprises de la femme. — Toute » séparation volontaire est nulle. — »

Par qui la séparation de biens peut-elle être demandée ? Par la femme, nous dit l'article 1443 ; c'est qu'en effet la séparation de biens n'a été instituée, que pour protéger la femme contre l'administration inintelligente ou ruineuse du mari.

Quant à ce dernier, il est de toute évidence qu'il ne peut demander la séparation de biens contre sa femme ; l'administration de la communauté n'est-elle pas tout entière entre ses mains, et dès lors n'est-ce pas à lui d'éviter cette extrémité ? Comment du reste, le mari aurait-il joui de cette faculté, lui, maître et seigneur de tous les biens de la communauté, et soumis d'ailleurs à l'empire de la maxime « *Nemo auditur turpitudinem suam allegans?* » De deux choses l'une : ou le mari a épousé une femme criblée de dettes, alors c'était à lui de s'en informer ; ou bien la ruine provient de sa mauvaise administration, et dans ce cas il ne lui est pas permis de se plaindre.

Il est pourtant à remarquer, que dans l'ancienne jurisprudence, Lebrun admettait que, dans certains cas, le mari pouvait être admis à former contre sa femme une demande en séparation de biens, spécialement dans les trois cas suivants :

1° Lorsque les affaires de la femme sont si embrouillées que toute sa fortune ne suffit pas pour les débrouiller.

2° Lorsque les arrérages annuels des rentes dues par la femme excèdent considérablement ses revenus.

3° Lorsqu'un héritage de la femme étant chargé de rentes foncières qui excèdent le revenu, la femme a l'obstination de ne pas vouloir consentir au déguerpissement.

Un arrêt du parlement de Rouen du 22 juin 1582 avait effectivement, sur la requête d'un mari, prononcé la séparation de biens contre une femme dont la dot était l'objet de cent quatorze procès pendants. Voici en quels termes La Thaumassière (1) rapporte cette singulière affaire : « Montreuil, avocat, disait que la séparation de biens est introduite

(1) Quest. sur Berry, centur. I, chap. 19.

à l'égard des femmes qui ont recours à ce remède pour se conserver leurs biens, et crainte qu'ils soient dissipés par le mauvais ménage de leur mari ; mais qu'il ne s'était jamais vu qu'un mari poursuivît une telle séparation ; car épousant la femme, il épouse les dettes. — Galland, pour l'intimé, disait que, *prima dies nuptiarum fuit ei prima funeris* ; que l'intimé, jeune avocat, qui ne commençait qu'à parvenir, avait toujours été travaillé de procès, et qu'il en avait jusqu'au nombre de cent quatorze, ce qui était capable de le faire mourir, s'il était obligé de supporter cet ennui : *dotem habeo, lites habeo; proque auro ventum et fumos ostendit inanes, vanum et inane nomem et in spem positum* ; que l'on ne pouvait l'empêcher de quitter la communauté pour s'exempter de procès et de troubles d'esprit : *multi gratis dimittunt sua, ut jurgiis obvient :* ils abandonnent leurs propres pour éviter les procès, en la loi *quia poterit D. ad Treb.* Pourquoi donc l'intimé ne serait-il pas reçu à poursuivre cette séparation ? Sur ce, la Cour, après que M. Servin, avocat-général, eut adhéré avec la Cour, par arrêt du 16 février 1602, confirme la sentence du prévôt de Paris. »

Toutefois Pothier critiquait l'opinion de Lebrun, et pensait que, même dans cette hypothèse favorable, le mari ne devait pas être écouté, et il est aujourd'hui constant que la demande en séparation de biens, ne peut être intentée que par la femme ; l'article 1443 est formel et la jurisprudence est conforme.

Les héritiers de la femme décédée peuvent-ils intenter eux-mêmes, contre le mari survivant, une demande en séparation de biens, ou continuer une instance dèjà engagée par la femme à son décès ? Charles et Sophie sont mariés sous le régime de la communauté ; le mari dissipateur met la dot en péril, et la femme prédécède, sans avoir encore engagé l'instance en séparation de biens ; quels sont les droits des héritiers de la femme dans cette hypothèse ? Ils ne peuvent pas évidemment, selon nous, intenter la demande en séparation de biens ; quel serait en effet le but de leur action ? La dissolution de la communauté ? mais cette dissolution a eu lieu précisément par le décès de la femme.

Pourraient-ils du moins continuer une instance formée par la femme, antérieurement à son décès ?

L'affirmative ne nous paraît pas douteuse ; les héritiers ont en effet un très-grand intérêt à continuer l'instance ; cet intérêt est double : 1° d'abord il importe de faire vider la question des frais et dépens, question souvent d'une haute importance ; 2° ensuite le jugement de séparation, comme nous le verrons bientôt, remonte rétroactivement, quant à ses effets, au jour de la demande (art. 1445 C. N.)

Or, si depuis la demande, des meubles sont échus à la femme à titre de successions ou de donations, le jugement de séparation intervenant, ces acquisitions auront été propres à la femme et pourront, dès lors, être reprises par ses héritiers.

D'un autre côté, le mari a pu, durant l'instance. consentir par vengeance des actes ruineux, et dilapider la fortune de sa femme ; les héritiers pourront, en obtenant un jugement de séparation de biens, faire rescinder ces actes.

Les héritiers ont donc *intérêt* à poursuivre la demande ; mais ont-ils *qualité,* eux qui ne pourraient le faire s'il s'agissait d'une instance en séparation de corps ?

Nous croyons qu'ils ont qualité : il y a, entre ces deux instances, la différence énorme qui sépare l'intérêt moral de l'intérêt pécuniaire. La séparation de biens repose surtout sur un intérêt pécuniaire ; elle a pour objet de garantir le patrimoine de la femme à partir du jour où elle est formée : les héritiers appelés à recueillir la succession de la femme ont donc le droit de faire valoir cet intérêt d'argent qui leur est transmissible.

On ne voit pas pourquoi ce droit serait refusé aux héritiers, alors surtout que les créanciers de la femme peuvent l'exercer dans une certaine mesure, qu'il me reste maintenant à préciser avec l'article 1446 ainsi conçu :

« Les créanciers personnels de la femme ne peuvent, sans son consentement, demander la séparation de biens. — Néanmoins, en cas de faillite ou de déconfiture du mari, ils peuvent exercer les droits de leur débitrice jusqu'à concurrence du montant de leurs créances. »

Ainsi, en principe, la loi ne permet pas aux créanciers de la femme de former, sans son consentement, la demande en séparation de biens ; c'est là un de ces droits *exclusivement personnels*, dont l'exercice ne pouvait être accordé directement aux créanciers, sans compromettre la bonne harmonie de ménage et le repos de la famille.

Mais à l'inverse, les créanciers personnels de la femme, avec le consentement de celle-ci, peuvent former la demande en séparation de biens.

Recherchons maintenant, si la femme, après avoir donné son consentement d'abord, peut ensuite le rétracter valablement et empêcher ainsi les créanciers de *continuer* leurs poursuites ?

Nous en sommes convaincus et nous pensons que les créanciers seraient tenus de s'incliner devant cette déclaration de volonté émanant de la femme. Le texte de l'article 1446 est, en effet, formel, comme nous l'avons vu plus haut ; or, si nous supposons que la femme ne consent plus à ce que les poursuites aient lieu, les créanciers doivent se conformer à sa volonté.

L'esprit de l'article 1446 n'est pas moins favorable à notre solution : Quel a été ici le but du législateur? C'est d'établir la femme seule juge de l'opportunité de la demande en séparation de biens, et cela, parce que si cette demande repose surtout sur un intérêt pécuniaire, elle peut cependant, dans une certaine mesure, porter atteinte à la prospérité du ménage, et à la bonne harmonie des époux. Or, il se peut que le caractère gratuitement vexatoire et irritant des mesures prises par les créanciers, motive le retrait par la femme de son autorisation primitive.

Donc, au point de vue des textes, comme au point de vue de l'esprit de la loi, elle est maîtresse d'arrêter, par le retrait de son consentement, l'action des créanciers, comme elle le serait d'arrêter par un désistement, l'action qu'elle aurait intentée elle-même. Seulement, elle devrait, bien entendu, supporter les frais faits depuis le commencement des poursuites : car, s'il en était autrement, les créanciers seraient victimes d'un véritable préjudice et cela ne peut pas être.

L'article 1446, dans son deuxième aliéna, apporte une dérogation à ces principes pour le cas de faillite et de déconfiture du mari.

La faillite est l'état de cessation de paiements d'un commerçant, de même que la déconfiture est l'état d'insolvabilité d'un non commerçant.

La faillite ou la déconfiture sont, en général, une cause de dissolution de toutes les sociétés, soit civiles, soit commerciales (art. 1865. C. N.) : les mêmes événements n'entraînent pas au contraire, la dissolution de la société de biens entre époux ; c'est qu'en effet, dans cette société particulière, le but direct des époux n'est pas de réaliser des bénéfices, mais bien plutôt de cimenter, par l'union des fortunes, l'union même des personnes.

La communauté continue donc de subsister entre les époux, malgré la faillite ou la déconfiture

6

du mari; toutefois l'équité ne permettait pas de laisser les créanciers de la femme complètement désarmés en présence de ces désastres ; il ne fallait pas que celle-ci pût, en obéissant à des scrupules inconsidérés, sacrifier l'intérêt de ses créanciers personnels à celui des créanciers du mari. En conséquence l'article 1446 second alinéa, autorise les créanciers personnels de la femme à faire valoir dans la faillite ou la déconfiture du mari, jusqu'à concurrence de ce qui leur est dû, tous les droits qui appartiendraient à la femme en la supposant réellement séparée de biens. Mais après que les créanciers ont opéré leur saisie, quand une fois ils ont été payés, le mari reprend l'administration des biens qui peuvent avoir échappé à leurs poursuites : il est donc vrai de dire que les créanciers personnels de la femme, même dans l'hypothèse de la faillite ou de la déconfiture du mari, n'ont pas à proprement parler le droit de provoquer la séparation de biens : la loi seulement, à l'aide d'une fiction favorable, leur accorde la faculté de se faire payer directement, en supposant, dans la mesure de leur intérêt, la séparation momentanément prononcée.

Nous n'avons pas à nous préoccuper ici des créanciers personnels du mari : ceux-ci ne peuvent point évidemment demander la séparation de biens : car ils sont les ayant-cause du mari, et comme tels, ils ne sauraient avoir plus de droits que lui « *nemo plus juris ad alium transferre potest quam quod ipse habet.* » Nous verrons seulement l'article 1447 les investir de certains droits de nature à prévenir les conséquences de la collusion frauduleuse du mari et de la femme, si cette collusion venait à se produire.

CHAPITRE DEUXIÈME.

Dans quels cas et pour quelles causes la séparation de biens peut-elle être obtenue ?

Sous l'empire de notre ancienne jurisprudence, les causes pour lesquelles la séparation de biens pouvait être prononcée n'avaient été l'objet d'aucune détermination précise : « la femme, dit Pothier (Traité de la communauté, n° 510), peut former contre son mari la demande en séparation de biens pour les mêmes causes pour lesquelles, dans le Droit Romain, la femme pouvait demander, durant le mariage, la restitution de sa dot ; or, les lois romaines auxquelles Pothier renvoie, sont, les lois 22 et 24 au Digeste *soluto matrimonio*, la loi 29 C. *de jure dotium* , enfin la novelle 97 de Justinien, chapitre 6. On admettait, en conséquence, la demande en séparation de biens, dès que les affaires du mari commençaient à être en désordre « *cum maritus vergit ad inopiam.* »

L'art. 1443 du Code Napoléon contient les mêmes principes : « La séparation de biens, dit ce texte, peut être poursuivie par la femme dont la dot est mise en péril, et lorsque le désordre des affaires du mari donne lieu de craindre que les biens, de celui-ci ne soient point suffisants pour remplir les droits et reprises de la femme. »

Ainsi, la séparation de biens peut être prononcée à raison du *péril de la dot.* Sous tous les régimes, la dot est l'ensemble des biens que la femme apporte au mari pour subvenir aux charges du mariage. (Art. 1540, C. N.) Elle peut être en péril soit à raison des désordres, soit à raison de l'administration inconsidérée du mari. Il y a incontestablement mauvaise administration, lorsque le fonds, ou le capital composant la dot a été compromis dans des spéculations hasardeuses.

Mais faut-il aller plus loin, et décider qu'il y aurait péril dans la dot, ainsi que l'entend l'article 1443, dans le fait d'un mari, qui, sans toucher d'ailleurs au capital, se contenterait de détourner les fruits et les revenus de leur vraie destination, l'entretien de la famille, en les dissipant dans le jeu ou la débauche?

C'est là surtout une question de fait, et les juges doivent toujours rechercher préalablement si la situation de la femme est compromise. Toutefois, en droit, nous pensons qu'il conviendrait d'appliquer l'article 1443. Les fruits et les revenus constituent en effet une partie intégrante de la dot : le mari doit les appliquer aux besoins de la famille ; la femme est en droit de se plaindre s'il ne le fait pas. D'Argentré admettait déjà cette doctrine dans l'ancien droit (Voy. aussi l'art. 433 *de la coutume de Bretagne.)*

L'article 1443, pris rigoureusement dans ses termes, suppose évidemment que la femme a apporté une dot à son mari, et que par suite elle a des reprises à exercer, soit contre le mari, soit contre la communauté.

Que faudrait-il dès lors décider, si la femme n'avait rien apporté en se mariant, si d'autre part elle n'avait depuis rien recueilli qui puisse constituer pour elle un propre, en sorte qu'elle n'ait aucune reprise à exercer ; pourrait-elle néanmoins demander la séparation de biens pour mauvaise gestion du mari ?

L'affirmative est certaine : la communauté peut être bonne encore, et la femme a intérêt à s'assurer la moitié qui pourra lui revenir dans cette communauté.

En admettant même que la communauté fût mauvaise, la femme pourrait encore être admise à demander la séparation de biens. Ne peut-elle pas en effet recevoir des donations ou des successions ? Les simples espérances ou éventualités de fortune suffisent à autoriser la demande de la femme.

Le mari ne pourrait-il pas cependant échapper aux conséquences de la poursuite, en prouvant qu'il possède personnellement des biens suffisants pour garantir les reprises de sa femme, biens qui sont grevés de l'hypothèque légale, aux termes de l'article 2121 ?

La négative nous paraît certaine : en admettant

même, que les droits de la femme fussent amplement sauvegardés par l'hypothèque légale, la séparation de biens n'en devrait pas moins être prononcée ; d'une part, en effet, il est à craindre que la mauvaise administration du mari n'amoindrisse et ne diminue la garantie hypothécaire ; d'autre part, à raison des dettes contractées par le mari, les revenus seraient probablement détournés, pendant le mariage, de leur vraie destination, et affectés au paiement des créanciers : la séparation de biens permettra à la femme de conserver les fruits et revenus pour son entretien et celui de ses enfants. Est-ce que d'ailleurs, il ne pourrait pas arriver quelquefois que le mari fût tenté de forcer son épouse par des obsessions ou des menaces à renoncer à son hypothèque légale, ou à y subroger des tiers, ce qui laisserait la femme complètement désarmée.

La femme qui aurait épousé un mari sans fortune, et déjà insolvable au moment de la célébration du mariage, pourrait-elle ensuite demander contre lui la séparation de biens ?

Nous ne le pensons pas, pourvu que les deux circonstances suivantes soient réunies : 1° que l'insolvabilité fût connue de la femme au moment de son mariage ; 2° qu'aucune aggravation de cette insolvabilité ne soit survenue depuis le mariage : la femme alors devrait subir la situation qu'elle aurait volontairement acceptée : on ne se trouve alors ni dans le texte, ni dans l'esprit de l'article 1443 ; ce n'est pas *la mauvaise administration* du mari qui a mis en péril la dot de la femme. Mais la moindre aggravation, survenue depuis le mariage, suffirait certainement à faire prendre en considération la demande de la femme.

Lorsque le contrat de mariage impose au mari l'obligation de faire emploi des sommes dotales, le défaut d'emploi deviendrait-il une cause de séparation de biens ?

Nous ne le croyons pas : l'article 1443 est limitatif dans ses termes : il faut que la dot de la femme soit compromise : or, si le mari, ne faisant pas d'ailleurs emploi des sommes dotales, les conserve et s'abstient de les dissiper, on ne peut pas dire qu'il mette la dot sérieusement en péril; donc il n'y a pas lieu à séparation de biens. En vain voudrait-on invoquer les principes généraux posés par les articles 1134, 1184 et 1188 du Code Napoléon : il faut appliquer ici la règle, *specialia generalibus derogant.* La séparation est un remède exceptionnel, auquel on ne peut recourir qu'à la condition de prouver la réunion de toutes les circonstances indiquées par les art. 1443 et suivants.

On a encore mis en question le point de savoir, si la femme, mariée par exemple sous le régime de la communauté, serait recevable à demander la séparation de biens, à raison de l'état de démence de son mari, et de l'interdiction prononcée contre lui ?

Le tribunal de Lyon, par un jugement du 15 janvier 1868, rapporté dans Dalloz (1868. 3. 31), s'est prononcé en faveur de la négative, en invoquant à la fois, à l'appui de sa décision, les textes et les principes :

D'abord les textes : aux termes de l'article 1443, la séparation de biens ne peut être poursuivie en justice, que par la femme dont la dot est mise en péril, et lorsque le désordre des affaires du mari donne lieu de craindre que ses biens ne soient pas suffisants pour remplir les droits et reprises de la femme. Or, l'état d'interdiction est un indice de désordre dans l'intelligence, et non point dans les affaires ; le mari le plus opulent peut être frappé de cette infortune qui constitue un malheur de famille mais point une faute : donc le texte de la loi n'est pas applicable ici.

Au point de vue des principes, on ajoute que l'état d'interdiction étant essentiellement temporaire et provisoire, la main-levée en peut toujours être obtenue ; qu'en tous cas la femme peut se faire déléguer, soit par le tuteur soit par l'administrateur provisoire, les sommes indispensables à ses besoins. Donc la femme ne se trouve pas dans une situation alarmante.

On fait remarquer aussi que la femme elle-même peut provoquer soit l'interdiction et la nomination d'un tuteur, soit la séquestration de son mari en démence et la nomination de l'administrateur provisoire, suivant les art. 490 du Code Napoléon, et 32 de la loi du 30 juin 1838 : or, la demande en interdiction ne fournirait-elle pas à la femme le moyen de forcer la main à la justice, et d'obtenir une espèce de séparation volontaire contrairement à la prohibition de l'art. 1443 *in fine* ?

Enfin la femme, si elle avait inspiré une sérieuse confiance, soit au conseil de famille, soit au tribunal, aurait pu être elle-même chargée de la tutelle de son mari interdit : or, si en fait elle n'a pas été considérée comme présentant des garanties suffisantes pour être investie de cette mission, dans l'accomplissement de laquelle, elle aurait cependant été soumise au contrôle du conseil de famille, et de la justice, comment veut-on lui accorder la plénitude des pouvoirs, en lui restituant avec la dot, l'indépendance et la liberté ? Et si le tribunal lui a confié la tutelle de son mari, que demande-t-elle davantage ? — Est-ce qu'elle n'a pas la jouissance complète des biens, est-ce qu'elle n'administre pas à son gré? et quel pourrait être le but d'une demande en séparation de biens, sinon de se procurer de dangereux pouvoirs de disposition et d'aliénation?

Donc il ne faut admettre la femme, même dans le cas d'interdiction du mari, à demander sa séparation de biens, qu'autant qu'elle établirait en outre, le désordre dans les affaires et le péril de la dot.

Nous éprouvons quelque peine à admettre cette solution, et nous croyons plus conforme aux textes de décider que la femme est admissible à demander la séparation, uniquement à raison de la démence de son mari, et de l'interdiction prononcée contre lui.

Nous ferons observer d'abord qu'aux termes de

l'art. 1865 n° 4, l'interdiction de l'un des associés est une cause de dissolution des sociétés ordinaires; à plus forte raison l'interdiction du mari *associé-gérant* dans le mariage, doit-elle être une cause de séparation de biens et de dissolution de la communauté.

Nous soutenons d'ailleurs, que nous nous trouvons ici dans les termes de l'art. 1443 : si en effet, la dot est en péril, c'est évidemment quand le mari est dans un état d'imbécilité et de démence constaté par la justice : il n'est pas nécessaire, qu'on veuille bien le remarquer, que la ruine soit consommée ; il suffit qu'elle soit imminente, pour que la femme puisse demander à reprendre la jouissance indépendante de sa fortune. Or, l'arrêt ou le jugement qui frappe d'interdiction le mari, ou le condamne à la séquestration dans une maison d'aliénés, emporte invinciblement cette idée, qu'il est désormais incapable d'administrer, et que l'on peut redouter de sa part des actes déraisonnables, aussi préjudiciables à ses propres intérêts qu'aux intérêts communs. Donc il y a péril pour la dot, il y a désordre inévitable dans les affaires, et l'article 1443 trouve dès lors son application naturelle.

En vain on objecte que l'état d'interdiction du mari donne à la femme des garanties nouvelles, dans le contrôle de la justice et du conseil de famille appelé à surveiller les actes du tuteur, en sorte que tout motif à séparation de biens s'efface. Il faut répondre qu'aucune disposition soit expresse,

soit implicite du Code Napoléon n'oblige la femme à subir un mandataire autre que celui qu'elle a choisi en contractant mariage, et à rentrer pour ainsi dire quant à ses biens, sous la tutelle d'un tiers substitué au mari : la femme s'est abandonnée corps et biens au mari, en considération des qualités personnelles de celui-ci, et des sûretés qu'il lui offrait : la soumettre à la tutelle d'un tiers ce serait la placer dans une condition de dépendance blessante pour sa dignité personnelle.

Mais, dit-on, la femme a pu être nommée tutrice, et alors puisqu'elle administre, elle n'a plus d'intérêt à obtenir la séparation de biens. Nous ferons observer qu'elle a encore intérêt à éviter, quant à ses biens personnels, l'application du contrôle rigoureux organisé par les articles 450, 456 et suivants. Elle est forcée de le subir sans doute quant aux biens du mari, mais elle peut légitimement tenir à se placer, pour ses *propres*, sous l'empire de l'art. 1449, afin d'avoir la liberté entière d'administration, des pouvoirs assez larges d'aliénation au point de vue mobilier, ou l'aptitude même à aliénér ses immeubles avec la simple autorisation de la justice. Nous pensons donc avec le tribunal civil de la Seine (jugement du 18 mars 1868, D. P. 1868, 3, 23), que l'interdiction est pour la femme une juste cause de demande en séparation de biens.

Nous ferons une dernière observation commune à toutes les questions que nous venons de traiter ; c'est que les tribunaux ont, et doivent avoir en pratique, des pouvoirs extrêmement larges d'appréciation discrétionnaire, et c'est le cas d'appliquer la sage réflexion d'un ancien auteur : « *Sæpissime, modica differentia facti, maximam inducit juris diversitatem.* »

CHAPITRE TROISIÈME.

En quelles formes la séparation de biens peut-elle être demandée? — Quelle est la procédure à suivre?

Il faut, sur ce point, se référer en partie au Code Napoléon et en partie aussi au Code de procédure civile (art. 865-874).

L'article 1443 *in fine* du Code Napoléon commence par poser en principe la nécessité de faire prononcer en justice la séparation de biens : «Toute séparation volontaire est nulle, » dit cet article.

C'est qu'en effet, il y a là une modification des plus graves apportée aux conventions matrimoniales ; et si l'intervention de la justice n'avait pas été exigée, la séparation de biens aurait pu devenir pour les époux un moyen de soustraire frauduleusement aux créanciers du mari des biens qui forment naturellement leur gage aux termes du droit commun (art. 2092).

Aussi, pour éviter ces fraudes, la procédure en séparation de biens a-t-elle été assujettie à des formes extrêmement rigoureuses. Nous résumerons toute cette procédure dans les cinq propositions suivantes :

I° La femme ne peut *de plano* introduire l'instance en séparation de biens, par une assignation donnée directement à son mari ; l'article 865 du Code de procédure exige, que préalablement, elle présente à cet effet une requête au président du tribunal, qui pourra lui faire toutes les observations et représentations qu'il jugera convenable :

« Aucune demande en séparation de biens ne pourra être formée sans une autorisation préalable, que le président du tribunal devra donner sur la requête qui lui sera présentée à cet effet. Pourra néanmoins le président, avant de donner l'autorisation, faire les observations qui lui paraîtront convenables. » (art. 865 Cod. proc. civil.)

Si l'on s'attachait à l'esprit de la loi, il faudrait décider que la femme *elle - même* présentait sa requête au président du tribunal, qui doit en effet lui faire les observations qu'il jugera convenables. Il serait rationnel que ces observations fussent faites à la femme elle-même plutôt qu'à un représentant sur lequel elles n'auront guère d'influence. L'usage contraire a pourtant prévalu dans la pratique, et la requête de la femme est présentée par un avoué.

Il résulte évidemment de la forme impérative de l'article 865 cité ci-dessus, que le président n'a pas le droit de refuser l'autorisation qui lui est demandée, quelque mal fondées que soient les prétentions de la femme ; il ne peut que faire des observations. Tout le monde est d'accord sur ce point, et les auteurs ne disent d'ailleurs rien qui puisse faire supposer qu'autrefois le juge, auquel la requête était présentée, pût refuser l'autorisation.

Dans l'ancienne pratique, lorsque la femme était mineure, le juge, de qui émanait l'autorisation, nommait un curateur, sous l'autorité duquel elle devait procéder. Le curateur était ordinairement un procureur (ce que nous appellerions aujourd'hui un avoué). Il paraît que la nomination de ce curateur était exigée à peine de nullité des poursuites. Aujourd'hui la loi n'exige plus la nomination d'un curateur à la femme mineure : l'ordonnance du président suffit pour habiliter la femme à agir.

II° Il est indispensable, dans l'intérêt des tiers, qui peuvent avoir à traiter avec les époux, ou qui auraient des réclamations à faire valoir contre la séparation de biens, que la demande de la femme reçoive sans délai la plus grande publicité possible. En conséquence, un extrait de cette demande doit être affiché : 1° dans l'auditoire du tribunal civil, 2° dans l'auditoire du tribunal de commerce, alors même que le mari ne serait pas commerçant ; (art. 867, C. Pr. civ.) 3° dans les chambres d'avoués et de notaires. 4° Dans un des journaux de la localité. En outre, la loi défend de prononcer le jugement avant le délai d'un mois à compter du jour ou toutes ces formalités ont été remplies (art. 866, 867, 868, 869, C. Pr. civ.)

Cette énorme publicité de la demande est requise pour deux raisons ; 1° les créanciers du mari ont le droit d'intervenir et de contredire à la demande. L'article 871 du Code de procédure est, en effet, ainsi conçu :

« Les créanciers du mari pourront, jusqu'au jugement définitif, sommer l'avoué de la femme, par acte d'avoué à avoué, de leur communiquer la demande en séparation et les pièces justificatives, même intervenir pour la conservation de leurs droits, sans préliminaire de conciliation. » Il faut donc qu'ils soient avertis qu'un procès en séparation de biens va s'engager entre les époux.

2° La séparation de biens prononcée rétroagit au jour même de la demande ; (art. 1445, C. N.) : les tiers qui contracteront avec les époux, ont donc intérêt à connaître cette demande, et à savoir que dès à présent les pouvoirs du mari sont mis en question.

III° Le mode d'instruction sur la demande en séparation de biens présente cette particularité que l'aveu du mari défendeur n'y peut faire preuve : « l'aveu du mari, nous dit l'article 870, ne fera pas preuve, lors même qu'il n'y aurait pas de créanciers. » S'il en avait été autrement il eût été facile d'éluder la disposition de l'art. 1443, qui prohibe les séparations volontaires.

IV° Le jugement de séparation de biens, lorsqu'il a été prononcé, doit, comme la demande, recevoir la plus grande publicité. L'article 872 du Code de procédure exige que le jugement de séparation de biens soit lu publiquement à l'audience du tribunal de commerce, quand même le mari ne serait pas commerçant, que l'extrait soit affiché non seulement au tribunal civil, mais encore au tribunal de commerce, ou s'il n'y en a pas dans l'arrondissement, à la salle de la mairie de la commune où réside le mari ; l'affiche y doit être laissée pendant toute l'année. Enfin, l'extrait doit être également affiché dans la Chambre des avoués et des notaires. L'exécution du jugement ne peut commencer qu'après l'accomplissement de ces formalités, sans qu'il soit nécessaire toutefois d'attendre l'expiration de l'année pendant laquelle doivent rester les affiches (art. 872 C. N.).

Mais, dans quel délai le jugement de séparation de biens doit-il être exécuté ? En règle générale la partie qui a obtenu un jugement a trente ans pour l'exécuter. L'article 156 du Code de procédure civile fait toutefois une notable exception à ce principe en ce qui concerne les jugements par défaut rendus contre une partie qui n'a pas constitué avoué ; ces jugements doivent être exécutés dans les six mois à peine de nullité. (156 C. Pr. Civ.)

En matière de séparation de biens, l'article 1444 détermine en ces termes le délai dans lequel doit être exécuté le jugement :

« La séparation de biens, quoique prononcée en justice, est nulle, si elle n'a point été exécutée par le paiement réel des droits et reprises de la femme, effectué par acte authentique jusqu'à concurrence des biens du mari, ou au moins par des poursuites commencées dans la quinzaine qui a suivi le jugement et non interrompues depuis. »

Ainsi, le jugement de séparation de biens, doit recevoir son exécution ou du moins un commencement d'exécution dans la quinzaine, à peine de nullité. Ce délai de quinze jours, court, non pas de la signification du jugement (ce qui aurait permis à la femme de prolonger à son gré le délai), mais du jour même de ce jugement. Le délai, comme on le voit est singulièrement restreint ; il y en a deux motifs : 1° Si la dot de la femme est réellement en péril, son plus grand et son premier soin, doit être d'exécuter le jugement, afin de sauvegarder ses droits. Lorsque la femme néglige d'user du secours que la justice lui avait accordé, la loi présume que le péril de la dot n'était pas sérieux, et que la séparation de biens a été concertée entre les époux pour frauder les créanciers du mari ; 2° On ne pouvait permettre à la femme, après avoir obtenu un jugement prononçant la séparation de biens, de tenir ce jugement en réserve pour s'en servir ou ne pas s'en servir à son gré ; de telle sorte que la communauté pût être, suivant sa volonté dissoute ou maintenue. Il y aurait eu là une cause d'incertitudes pour les tiers, contraire au principe de l'article 1399.

D'un autre côté, il faut bien reconnaître que la loi, en fixant un délai aussi court pour l'exécution du jugement, a présumé que la femme, demanderesse en séparation de biens, renoncerait à la communauté : elle le décide formellement dans l'art. 1463. Pourtant l'article 174 du Code de procédure civile accorde à la femme séparée de biens un délai de trois mois et quarante jours, pour faire inventaire et pour délibérer sur son acceptation ou sa renonciation.

L'art. 174 du Code de procédure civile, est en effet, ainsi conçu :

« L'héritier, la veuve, la femme divorcée ou séparée de biens, assignée comme commune, auront trois mois, du jour de l'ouverture de la succession ou dissolution de la communauté, pour faire inventaire et quarante jours pour délibérer : si l'inventaire a été fait avant les trois mois, le délai de quarante jours commencera du jour qu'il aura été parachevé.—S'ils justifient que l'inventaire n'a pu être fait dans les trois mois, il leur sera accordé un délai convenable pour le faire, et quarante jours pour délibérer ; ce qui sera réglé sommairement. »

Comment concilier les articles 1444 du Code Napoléon et 174 du Code de procédure, en apparence, si formellement contradictoires ? La femme, a-t-on répondu, devra, dans la quinzaine fixée par l'article 1444, exercer ses reprises et généralement tous les droits qu'elle pourrait réclamer même en cas de renonciation ; et pour son droit d'option lui-même elle conservera le délai déterminé par l'article 174 du Code de procédure. C'est très-bien, si la femme est créancière, soit du mari, soit de la communauté : mais que décider si elle n'a aucune reprise à exercer ? Faut-il dire que l'article 174 du Code de procédure a dérogé à l'article 1444 du Code Napoléon et qu'en conséquence la femme ne sera pas tenue d'exécuter le jugement de séparation de biens dans la quinzaine ? Nous ne le pensons pas ; sans doute la femme doit conserver le délai de trois mois et quarante jours qui lui est accordé pour faire inventaire et pour délibérer ; mais elle n'en devra pas moins satisfaire à l'article 1444, en faisant, dans la quinzaine, un acte d'exécution, de nature toutefois à ne pas compromettre son droit d'option.

Mais alors quels actes pourront constituer ce commencement d'exécution qui doit intervenir dans la quinzaine du jugement ? — La jurisprudence se montre assez facile sur ce point ; ainsi elle admet qu'un simple commandement fait par la femme au mari, de payer les frais et dépens du procès, est un acte suffisant d'exécution, dans les termes de l'article 1444, et conserve à la femme tous ses droits. La Cour de cassation a même été dans un arrêt du 9 juillet 1828 (D. P. 28. 1. 319) jusqu'à attribuer le caractère de poursuites à fin d'exécution, dans les termes de l'art. 1444, à la simple signification du jugement de séparation de biens. Mais c'est là une doctrine inexacte ; la signification du jugement est sans doute le préliminaire indispensable de l'exécution, mais elle ne constitue point par elle-même un acte d'exécution.

La preuve en est dans l'article 155 du Code de procédure civile qui exige pour les jugements par défaut, un intervalle de huit jours entre la signification et l'exécution.

Nous examinerons, sous forme de position, la question de savoir par qui la nullité, résultant du défaut d'exécution dans la quinzaine (art. 1444 Cod. Nap.), ne peut être opposée et quel est le caractère de cette nullité : est-elle absolue ou relative ?

V° Les créanciers du mari peuvent attaquer, soit le jugement même qui a prononcé la séparation de biens, soit la liquidation qui a été faite en exécution de ce jugement.

Ce droit des créanciers du mari est ainsi réglé par l'article 1447 :

« Les créanciers du mari peuvent se pourvoir contre la séparation de biens prononcée, et même exécutée en fraude de leurs droits ; ils peuvent même intervenir dans l'instance sur la demande en séparation pour la contester. »

La loi n'a pas voulu que la séparation de biens devînt entre les mains des époux un instrument de fraude au profit des créanciers personnels de la femme. En conséquence, outre la faculté d'intervenir au procès lorsqu'il est encore pendant, les créanciers du mari ont encore le droit d'attaquer : 1° par la tierce opposition, le jugement même de séparation de biens ; 2° par l'action Paulienne (art. 1167, C. N.), la liquidation frauduleuse qui aurait eu lieu en exécution du jugement.

Mais dans quel délai les créanciers du mari peuvent-ils exercer ce double droit qui leur appartient ?

En ce qui concerne le jugement de séparation de biens, l'article 873 du Code de procédure civile n'accorde aux créanciers qu'un délai d'une année, pour l'attaquer par la voie de la tierce opposition, pourvu que toutes les formalités de publicité, requises par l'art. 872 aient été observées.

Dans quel délai les créanciers du mari peuvent-ils attaquer, comme frauduleuse l'exécution du jugement, l'acte de liquidation ? C'est une question extrêmement controversée. On a soutenu que le délai, dans ce cas encore, était le délai d'une année fixé par l'article 873. La pensée de la loi, dit-on, c'est que tout soit irrévocablement terminé dans ce délai.

Cette doctrine ne nous paraît pas exacte. Deux hypothèses distinctes peuvent, en effet, se présenter : ou le jugement de séparation de biens a renvoyé, comme il arrive le plus souvent, les parties devant un notaire pour la liquidation des droits respectifs des époux, ou, au contraire, ce qui sera fort rare, le jugement a opéré lui-même la liquidation. Dans les deux cas, nous soutenons que les créanciers devront avoir, pour attaquer la liquidation, un délai de trente ans, conformément au droit commun. (Art. 2262 C. N.)

Dans la première hypothèse, celle où le jugement de séparation de biens a renvoyé, pour la liquidation devant un notaire,la démonstration est facile à donner : 1° l'article 873, en effet, ne fixe aux créanciers du mari un délai d'une année, que pour se pourvoir *contre le jugement de séparation de biens.* Or, nous supposons que les créanciers n'attaquent pas le jugement lui-même, mais la liquidation seulement pour cause de fraude ; donc nous sommes en dehors du texte de l'article 873, et dès lors il faut rentrer dans le droit commun (art. 2262 C. N.). Cette action que les créanciers dirigent contre la liquidation, c'est l'action Paulienne ordinaire (art. 1167 C. N.) ; or nous savons que la durée de l'action Paulienne est de trente ans.

Dans la seconde hypothèse, celle où le jugement lui-même a liquidé les droits respectifs des époux, quelques doutes peuvent s'élever. On pourrait soutenir, en effet, que dans ce cas, c'est bien le jugement de séparation de biens que les créanciers attaquent, et qu'en conséquence l'article 873 doit recevoir son application directe. Nous ne croyons pas pourtant que ce raisonnement soit décisif. Les créanciers, en effet, n'attaquent pas le jugement en tant qu'il prononce la séparation de biens : ce qu'ils attaquent, c'est la répartition de l'actif et du passif entre les époux, c'est en un mot la liquidation : or la liquidation, qu'elle soit faite à l'audience ou devant un notaire, est toujours *la liquidation,* qu'il ne faut pas confondre avec le jugement lui-même. Nous appliquerons donc encore ici le délai de droit commun (art. 2262, C. N.)

Il nous reste à examiner les dispositions législatives particulières aux commerçants quant à la publication du régime sous lequel ils sont mariés ; la loi s'en occupe d'une manière toute spéciale dans les art. 65 et suivants du Code de commerce.

Déjà, dans l'ancien droit, l'ordonnance de 1673 exigeait la publicité du régime sous lequel les époux étaient mariés. On comprit à cette époque l'intérêt que l'on pouvait avoir à connaître le régime d'un contrat de mariage, alors surtout que les époux sont commerçants, et l'augmentation de crédit qui nécessairement devait résulter de cette publicité. La disposition de l'ordonnance était du reste devenue indispensable, à cause de la grande division de la France, en pays de droit écrit et pays de droit coutumier : « Dans les coutumes de Paris et d'Orléans, dit Jousse, et dans la plupart des pays qui sont régis par le droit coutumier, la communauté de biens entre mari et femme a lieu de plein droit, sans qu'il soit nécessaire d'en convenir par contrat de mariage. Au contraire, elle n'a lieu dans les pays de droit écrit, que lorsqu'elle est stipulée en se mariant. Il y a même des coutumes, comme celle de Normandie, où il n'est pas permis de la stipuler. — Si l'on veut donc empêcher l'effet de la communauté dans les lieux où elle se fait de plein droit, il est nécessaire d'y déroger expressément par le contrat de mariage. Il faut, de plus, que cette clause soit rendue publique par la publication faite à l'audience, et qu'elle soit enregistrée et exposée dans un tableau. »

L'ordonnance de 1673 prescrivait la publication au tribunal de commerce, et l'exposition sur un tableau, en lieu public. Le Code de commerce exige les mêmes formalités : mais il prescrit, en outre, l'affiche au tribunal de première instance et dans les chambres des notaires et des avoués. (67. al. 1. C. C.—872. C. Pr. Civ.)

Mais que devra-t-on publier? Sera-ce le régime seul ou le contrat entier? On avait hésité lors de la discussion, et on avait proposé de publier tout le contrat. Mais cette proposition fut aussitôt repoussée : la chose importante, en effet, pour les tiers contractants, est de connaître le *régime matrimonial* qui peut avoir une influence énorme sur le crédit des époux ; peu leur importe d'ailleurs les autres stipulations du contrat qui ne mettent presque toujours en jeu qu'un intérêt privé. Quelle utilité y aurait-il en effet d'initier tout le monde à des stipulations qui, la plupart du temps, ne sont que des arrangements de famille ?

Mais quelles personnes vont être tenues de faire cette publication ? Telle est la question qui nous reste à résoudre, et à laquelle le législateur répond dans les articles 68 et 69.

Lorsque les époux sont commerçants lors de leur contrat de mariage, c'est au notaire qu'incombe la charge de la publication : dans l'intérêt des tiers et du crédit des époux, il doit accomplir toutes les formalités nécessaires pour faire connaître le régime matrimonial auquel se sont soumis ses clients. L'article 68, en effet, est ainsi conçu :

« Le notaire, qui aura reçu le contrat de mariage, sera tenu de faire la remise ordonnée par l'article précédent, sous peine de cent francs d'amende, et même de destitution et de responsabilité envers les créanciers, s'il est prouvé que l'omission soit la suite d'une collusion. »

Si au contraire les époux ne sont devenus commerçants qu'après le mariage, ils doivent eux-mêmes remplir les conditions exigées par la loi. L'art. 69 nous dit, en effet : — « L'époux séparé de biens, ou marié sous le régime dotal, qui embrasserait la profession de commerçant, postérieusement à son mariage, sera tenu de faire pareille remise dans le mois du jour où il aura ouvert son commerce : à défaut de cette remise, il pourra être, en cas de faillite, condamné comme banqueroutier simple. »

Observons, en terminant, la différence essentielle qui existe entre la sanction édictée par l'article 68 et celle édictée par l'ordonnance de 1673 ; cette dernière frappait de nullité toute clause qui n'avait pas été publiée suivant les formes prescrites : aujourd'hui au contraire la clause n'est plus annulée ; mais le commerçant est condamné comme banqueroutier simple depuis la loi du 28 mai 1838. Dans la législation de 1808, il était traité comme un banqueroutier frauduleux.

———

CHAPITRE QUATRIÈME.

Quels sont les effets de la séparation de biens ?

Nous examinerons ces effets en nous plaçant d'abord au point de vue général ; puis nous nous occuperons spécialement des effets particuliers de la séparation de biens venant se greffer sur le régime dotal.

§ I. — Effets généraux.

Il importe de préciser avant tout, le point de départ de ces effets. L'article 1445 s'exprime ainsi : « Le jugement qui prononee la séparation de biens remonte, quant à ses effets, au jour de la demande. » Cette déclaration du législateur était indispensable en raison de la nature particulière du jugement de séparation de biens. Ce jugement, en effet, n'est point, comme les jugements ordinaires, simplement déclaratif de droits préexistants ; il modifie le contrat de mariage, il crée un état de choses qui n'existait pas auparavant et d'où naissent des droits nouveaux. La résistance du mari ne peut en outre jamais être considérée comme injuste, puisque la loi elle-même lui fait un devoir de contredire à la demande. (1443, *in fine*, C. N., 870 C. Proc. civ.)

La rétroactivité a été édictée par le législateur, malgré les particularités qui distinguent le jugement de séparation de biens, par application des deux motifs suivants :

D'abord, si le mari est, en vertu des textes, le contradicteur légitime et forcé de la femme dans l'instance en séparation de biens, alors même qu'au fond il désirerait vivement cette séparation, souvent aussi il remplit ce rôle avec un zèle excessif : jaloux de conserver ses droits, il s'efforce de prolonger la durée de l'instance par des chicanes et des détours de procédure. Or il est de principe que le demandeur qui triomphe dans une action ne doit pas souffrir par suite de l'injuste résistance du défendeur. L'équité exige donc que la femme obtienne, par le jugement de séparation de biens, tous les avantages qu'elle aurait obtenus si la décision avait pu être rendue le jour même de la plainte.

D'autre part, la demande en séparation de biens aggrave la plupart du temps le péril de la dot et le désordre des affaires du mari. L'éveil étant donné sur son insolvabilité, les créanciers multiplient leurs poursuites, le passif grossit, la ruine est près de se consommer ; le mari peut en outre, pour se venger de sa femme, être porté à faire, durant l'instance, des actes désastreux. Il importait donc à tous ces points de vue de garantir efficacement les intérêts de la femme, et le seul moyen vraiment sérieux se rencontrait dans l'application du *principe* de la rétroactivité du jugement de séparation de biens : autrement le remède eût été le plus souvent impuissant.

Cette rétroactivité, incontestable lorsque la séparation de biens est prononcée par voie directe et principale, se produit-elle encore lorsque la séparation de biens n'est plus qu'une conséquence tacite et légale de la séparation de corps? Les effets de la séparation de biens remontent-ils au jour même de la demande en séparation de corps?

La négative nous paraît seule conforme à la fois aux textes et aux principes. D'abord aux textes : lorsque l'article 1445 proclame la rétroactivité du jugement de séparation de biens, il ne s'occupe *directement* que de la séparation de biens prononcée d'une manière principale et indépendamment de toute séparation de corps. Or, cette rétroactivité est d'ailleurs toute exceptionnelle ; donc nous ne pouvons pas l'étendre.

La rétroactivité du jugement qui prononce la séparation de biens d'une manière principale, est corrélative à la publicité de la demande, à ce point que la rétroactivité n'aurait plus lieu si les conditions de publicité de la demande n'avaient été observées. (1445, C. N. 873, C. Pr. civ.) Or la demande en séparation de corps n'est soumise à aucune formalité spéciale de publicité, donc la base même de la rétroactivité fait ici défaut.

Cette différence que nous proposons quant au point de départ des effets, entre la séparation de biens principale et la séparation de biens accessoire, peut encore se justifier par une double considération :

1° La séparation de biens qui résulte toujours, aux termes de l'art. 311, de la séparation de corps, est une conséquence tacite et légale de cette dernière ; or la séparation de corps ne rétroagit pas au jour de la demande : comment dès lors appliquer cette rétroactivité à la séparation de biens qui en est la conséquence virtuelle ? Comment veut-on que l'accessoire puisse avoir des effets plus étendus que le principal ?

2° Si la séparation de biens, lorsqu'elle est prononcée par voie principale, a un effet rétroactif, c'est qu'alors la dot est en péril, en sorte qu'une garantie particulièrement énergique devient nécessaire dans l'intérêt de la femme ; la séparation de corps, au contraire, est un indice de mésintelligence entre les époux, et non pas de désordre dans les affaires; il se peut très bien que le mari mauvais époux soit un excellent administrateur.

Mais, dit-on, la demande en séparation de corps est le signal des hostilités entre les époux ; n'est-il pas à craindre que le mari, pendant l'instance, ne cherche à nuire à la femme et à compromettre ses intérêts par esprit de représailles et de vengeance ?

Le danger est réel, mais il y a un moyen de le conjurer, c'est d'appliquer à la séparation de corps les art. 270 et 271 au titre du divorce. Nous déciderons que le mari conserve sans doute pendant l'instance l'administration des biens, mais la femme peut exercer l'action Paulienne pour faire tomber les actes faits en fraude de ses droits. Telle est la thèse qui nous paraît la meilleure. (*Comp.* cass. 20. mars 1855. Dev. 55. 1. 401. — Paris, 18 juin 1855. Dev. 56. 2. 170.)

Le point de départ des effets de la séparation de biens étant ainsi déterminé, il nous reste à indiquer en quoi ils consistent. Aux termes de l'art. 1441, la séparation de biens dissout la communauté, et la femme a trois mois et quarante jours pour faire inventaire et délibérer (art. 1457 et suiv.) sur son acceptation ou sur sa renonciation. Toutefois, la présomption de la loi est ici pour la renonciation de la femme ; l'article 1463 s'exprime en effet ainsi : « La femme divorcée ou séparée de corps, qui n'a point dans les trois mois et quarante jours après le divorce ou la séparation définitivement prononcés, accepté la communauté, est censée y avoir renoncé, à moins qu'étant encore dans le délai, elle n'en ait obtenu la prorogation en justice, contradictoirement avec le mari, ou lui dûment appelé. » En thèse ordinaire, au contraire, la présomption légale est en faveur de l'acceptation (art. 1456). La différence se justifie d'ailleurs aisément par cette considération que la femme demanderesse en séparation de biens doit éprouver de l'éloignement pour une communauté qu'elle affirme obérée et mauvaise.

Dans tous les cas, l'art. 1444 impose à la femme l'obligation d'exercer ses reprises dans la quinzaine qui suit le jugement.

De ce que les effets du jugement de séparation de biens remontent *erga omnes* au jour de la demande, il suit que les intérêts de la dot mobilière dont la femme s'est réservé la reprise, courent à la date même de la demande en séparation de biens.

Il faut également décider que si les créanciers du mari avaient pratiqué des saisies sur les fruits et les revenus pendant l'instance, ces saisies demeureraient non avenues au respect de la femme par l'effet du jugement de séparation.

La femme conserve en propre toutes les successions mobilières a elle échues depuis l'introduction de la demande ; il faut écarter ici l'application de l'art. 1401, n° 1.

Les dettes contractées par le mari, les obligations qu'il aurait pu consentir dans la même période ne peuvent servir de prétexte à des poursuites dirigées contre la femme sur les biens communs, que dans la mesure de l'enrichissement, de l'*in rem versio*. Mais la femme est obligée de respecter les actes de pure administration passés sans fraude par le mari, car il faut que la gestion des biens soit confiée à quelqu'un, et tant que la justice n'avait pas prononcé, le mari devait conserver ses pouvoirs.

Le jugement qui prononce la séparation de biens produit une situation toute nouvelle ; le mari est déchu de son mandat d'administrateur et la femme reprend la libre jouissance de sa fortune. (1449, al. 1.) Nous allons examiner comment cet état de chose doit être réglé.

Dans quelle proportion d'abord les époux doivent-ils contribuer aux charges communes qui leur sont encore imposées ? L'art. 1448 nous dit : « La femme qui a obtenu la séparation de biens, doit contribuer, proportionnellement à ses facultés et à celles du mari, tant aux frais du ménage qu'à ceux d'éducation des enfants communs. — Elle doit supporter entièrement ces frais, s'il ne reste rien au mari. »

Ce texte n'est relatif dans ses termes qu'à la séparation de biens prononcée par voie directe et principale : que décider en ce qui concerne la séparation de biens résultant (art. 311) comme accessoire de la séparation de corps ? Est-ce qu'il n'existerait plus après la séparation de corps aucune charge commune entre les époux ? il ne faudrait pas le croire : sans doute la séparation de corps relâche le lien conjugal, elle fait cesser la vie commune, mais elle laisse encore subsister pour les époux l'obligation de contribuer à l'entretien et à l'éducation des enfants et à l'obligation alimentaire. La séparation de biens, au contraire, quand elle est principale, ne met pas fin à l'existence commune, et les époux sont tenus de contribuer aux charges du mariage et à l'éducation des enfants, proportionnellement à leurs facultés respectives; les tribunaux ont ici un pouvoir souverain d'appréciation. En matière de séparation de biens contractuelle (art. 1537 et de paraphernalité 1575) la loi a adopté une base toute différente: la femme, sauf convention contraire insérée au contrat de mariage, ne contribue aux charges du ménage que jusqu'à concurrence du tiers de ses revenus, c'est pour ainsi dire un forfait. Cette différence peut s'expliquer rationnellement.

La loi pouvait sans inconvénient, en matière de séparation de biens contractuelle ou de paraphernalité, fixer au tiers des revenus la contribution de la femme dans les charges du mariage; si cette proportion ne convient pas aux époux, ils sont parfaitement libres de la modifier, d'élever ou d'abaisser la contribution de la femme; mais en matière de séparation de biens judiciaire, c'eût été s'exposer à commettre de graves injustices que de fixer ainsi d'avance et à forfait la contribution de la femme, il vaut mieux n'établir qu'une proportion variable suivant les circonstances. Les tribunaux peuvent alors régler l'attribution des charges à chacun des époux, *ex æquo et bono* et en connaissance de cause.

Quels sont les pouvoirs de la femme après la séparation de biens?

L'article 1449, qui est le siége de cette matière,

est ainsi conçu : « La femme séparée soit de corps et de biens, soit de biens seulement, en reprend la libre administration. — Elle peut disposer de son mobilier et l'aliéner. — Elle ne peut aliéner ses immeubles sans le consentement du mari, ou sans être autorisée en justice à son refus. »

Ainsi, lorsque la séparation de biens a été prononcée, la loi rend à la femme la libre jouissance et l'entière administration de ses biens personnels : elle est indépendante à ce point de vue, et dispensée de l'autorisation maritale. Elle est exactement dans la même situation que si, dès le début du mariage, elle avait stipulé dans son contrat la séparation absolue. L'article 1536 nous dit en effet : « Lorsque les époux ont stipulé par leur contrat de mariage qu'ils seraient séparés de biens, la femme conserve l'entière administration de ses biens meubles et immeubles, et la jouissance libre de ses revenus. »

Ce texte n'est que la reproduction du paragraphe 1 de l'article 1449.

Nous sommes ainsi amenés à rechercher quels sont les actes que la femme séparée de biens peut faire librement et sans autorisation, quels sont au contraire ceux pour lesquels elle doit se munir de l'autorisation, soit de son mari, soit de justice. Or cette question peut s'élever à propos des quatre catégories d'actes qui suivent : il faut en effet distinguer 1° les actes d'administration, 2° les actes d'aliénation et d'acquisition, 3° les obligations personnelles, 4° les procès, les instances judiciaires.

Occupons-nous d'abord des *actes d'administration proprement dits.*

La loi n'a pas voulu que l'administration fût scindée entre le mari et la femme; celle-ci peut, sans aucune autorisation, faire tous les actes de ce genre (1449, n° 1.) Ainsi elle peut faire soit des réparations ordinaires, soit même de grosses réparations ; elle peut consentir des baux pour la durée et le renouvellement desquels l'application des art. 1429 et 1430 est généralement admise. Toutefois les tribunaux jouissent ici d'un pouvoir d'appréciation pour maintenir tout bail fait utilement et de bonne foi. La femme a encore pleine capacité pour poursuivre le remboursement de ses capitaux, pour recevoir le paiement des rentes qui lui sont dues et en donner décharge ; elle peut même disposer de son mobilier et l'aliéner (1449. n° 2), mais ce droit ne lui appartient que comme une conséquence de la libre administration que la loi lui confère ; elle peut donc, pour cause d'administration, vendre son mobilier soit corporel soit même incorporel, tel que les rentes sur l'Etat ou les actions de la Banque, non immobilisées : les meubles matériels peuvent se déprécier, les rentes être menacées d'une baisse, il peut être urgent de vendre; en un mot, toutes les fois que dans une aliénation de mobilier faite par la femme on reconnaîtra le caractère d'un acte d'administration sage et normal, il faudra déclarer valable cette aliénation.

Nous devons mesurer maintenant les pouvoirs de la femme séparée de biens quant aux actes d'aliénation et d'acquisition.

Quant au mobilier, nous venons de voir que l'aliénation en est permise à la femme dans les limites des nécessités de la gestion (art. 1449, al. 1 et 2.)

Quant aux immeubles, l'art. 1449 al. 3, ne lui permet de les aliéner qu'avec le consentement du mari, ou à son refus avec l'autorisation de la justice. Jamais, en effet, l'aliénation d'un immeuble ne peut être considérée comme un acte de pure administration ; ici se place naturellement l'article 1450 : « Le mari n'est point garant du défaut d'emploi ou de remploi du prix de l'immeuble que la femme séparée a aliéné sous l'autorisation de la justice, à moins qu'il n'ait concouru au contrat, ou qu'il ne soit prouvé que les deniers ont été reçus par lui ou ont tourné à son profit.—Il est garant du défaut d'emploi ou de remploi, si la vente a été faite en sa présence et de son consentement : il ne l'est point de l'utilité de cet emploi. »

Le mari chargé sous le régime de la communauté d'administrer les biens de la femme, de recevoir et de placer ses capitaux, se trouve nécessairement délivré de ce devoir lorsque la séparation de biens a été prononcée ; par conséquent il n'est plus responsable, en principe, du défaut d'emploi des sommes qui peuvent provenir à la femme, de la vente de ses immeubles : celle-ci ayant recouvré la libre disposition de ses biens meubles et de ses capitaux, c'est à elle d'en faire à ses risques et périls tel usage que bon lui semble, mais la loi apporte dans l'art. 1450 une exception à ce principe pour deux cas : 1° lorsque le mari a concouru à l'acte de vente de l'immeuble, car alors il y a présomption qu'il a touché le prix ; — 2° lorsqu'il est prouvé que le mari a reçu les deniers ou qu'il en a tiré profit ; alors le mari, nous dit l'art. 1450, est déclaré responsable du défaut d'emploi ou de remploi du prix, mais non pas de l'utilité de cet emploi : cette garantie était nécessaire, car souvent, malgré la séparation intervenue, le mari garde sur l'administration des biens de sa femme une influence prépondérante.

On agite la question de savoir si notre art. 1450 est applicable à la séparation de biens même contractuelle ; nous admettons l'affirmative ; nous n'insisterons pas davantage sur les actes d'aliénation, nous réservons à mettre en position les questions controversées qui se rapportent à cette partie de notre sujet.

En ce qui concerne les acquisitions, nous devons nous placer successivement à deux points de vue, en étudiant d'abord la capacité de la femme séparée de biens quant aux acquisitions à titre gratuit et sa capacité quant aux acquisitions à titre onéreux.

L'art. 934 règle ainsi les pouvoirs de la femme

mariée en matière d'acquisitions à titre gratuit : « La femme mariée ne pourra accepter une donation sans le consentement de son mari, ou, en cas de refus du mari, sans autorisation de la justice, conformément à ce qui est prescrit par les articles 217 et 219. »

On comprend aisément les raisons de haute convenance qui ont dicté au législateur cette disposition.

Quels sont les pouvoirs de la femme séparée de biens en ce qui concerne *les acquisitions à titre onéreux ?*

L'art. 217 s'exprime ainsi qu'il suit : « La femme, même non commune ou séparée de biens, ne peut donner, aliéner, hypothéquer, acquérir, à titre gratuit ou onéreux, sans le concours du mari dans l'acte, on son consentement par écrit. »

Certains auteurs, interprétant ce texte à la lettre, ont soutenu que la femme même séparée de biens, ne peut jamais acquérir à titre onéreux sans le concours du mari dans l'acte ou son consentement par écrit.

Nous ne saurions admettre cette déduction, du moins dans la généralité absolue.

Quant aux meubles d'abord, le droit de libre administration qui appartient à la femme lui donne évidemment le droit d'en acquérir à titre onéreux, sans aucune autorisation; pouvant aliéner ses meubles, il faut bien qu'elle puisse en acheter d'autres pour les remplacer.

On risquerait, en exagérant la partie de l'art. 217, de dénaturer l'incapacité de la femme mariée, et de transformer une mesure d'ordre général en une cause grave de perturbation dans la pratique.

Nous validerons même les acquisitions d'un meuble réalisées à titre onéreux par la femme, toutes les fois que cette acquisition constituera un acte de sérieuse et loyale administration. Nous exigerons au contraire l'autorisation du mari ou de la justice pour les actes de spéculation. Par exemple, la femme a dans les mains un capital considérable ; elle l'emploie à l'achat d'un immeuble ; nous maintiendrons ce contrat qui constitue un placement régulier et un emploi normal de sa fortune ; la femme, au contraire, nous le supposons, n'a pas de capitaux disponibles, elle vend un immeuble d'un rapport fixe et certain pour acheter d'autres terrains propres à bâtir et spéculer sur la revente de ces terrains ou sur la revente des constructions qu'elle y aura faites elle-même ; la femme alors *n'administre plus*, quel que soit le sens large que l'on veuille attacher à cette expression, elle spécule ; elle devra dès lors être munie d'une autorisation préalable.

On a demandé si le mari conserve sur les actes que la femme peut, de par la loi, faire seule, un droit de surveillance ? Peut-il demander à la justice d'intervenir pour arrêter l'administration ruineuse ou inintelligente de la femme qui fait des placements aventureux, qui joue à la bourse, qui laisse accomplir des prescriptions, etc., etc...... Nous admettons une doctrine mixte, et nous pensons que le mari ne peut intervenir qu'autant que la mauvaise administration de la femme irait jusqu'à une aliénation véritable.

Quels sont les pouvoirs de la femme séparée de biens, quant aux *obligations personnelles* qu'elle peut vouloir contracter ? La femme, pour tous les actes essentiels à son administration, peut valablement, sans autorisation de son mari ni de justice, contracter des obligations personnelles et ces obligations sont exécutoires sur tous ses biens présents ou futurs, corporels ou incorporels, mobiliers ou immobiliers ; en vain objecterait-on que la femme, étant déclarée incapable d'aliéner ses immeubles par l'art. 1449 n° 3, ne doit pas pouvoir contracter d'obligations exécutoires sur ces sortes de biens ; nous répondons que la femme peut du moins administrer sa fortune avec indépendance et sans recourir à aucune autorisation. Toute obligation qu'elle contracte dans ces limites est valable. Or, aux termes de l'art. 2092, quiconque s'est valablement constitué obligé personnel, est tenu de remplir son engagement sur tous ses biens. Donc, le créancier doit avoir ici pour gage tous les biens mobiliers de sa débitrice. *(Comp. Demol,* tom. IV, n° 161.)

Mais faut-il aller plus loin, et permettre à la femme d'hypothéquer ses immeubles par une convention expresse et spéciale, pour obtenir de l'argent nécessaire à son administration ? Nous ne le pensons pas à cause du caractère essentiellement aliénatoire de l'hypothèque.

Supposons maintenant que la femme se soit obligée, pour une cause étrangère à l'administration de ses biens, par voie d'achat, d'emprunt ou autrement, quel va être l'effet d'une obligation ainsi contractée par la femme seule et en dehors de toute autorisation ?

Il est clair d'abord que les créanciers n'auront pas d'action sur les biens immobiliers de la femme: l'art. 1449 al. 3, lui défend d'aliéner ses immeubles ; or, cette défense comprend aussi bien l'aliénation par voie indirecte que l'aliénation directe et principale ; mais l'obligation personnelle ainsi contractée par la femme ne sera-t-elle pas du moins exécutoire sur ses revenus et sur son mobilier ? Nous ne le pensons pas. *(Comp. Demol. tom. IV, n° 163.)*

Il nous reste à examiner quels sont les pouvoirs de la femme séparée de biens quant aux procès et aux instances judiciaires.

L'art 215 s'exprime ainsi : « La femme ne peut ester en jugement sans l'autorisation de son mari, quand même elle serait marchande publique, ou non commune ou séparée de biens. »

Ainsi, en règle générale, la femme séparée de biens, si libre et si entière que puisse être son administration, n'est point admise pourtant sans autorisation à plaider soit comme demanderesse, soit comme défenderesse, ni relativement à ses immeubles, ni même relativement à ses meubles.

Cette situation présente certainement de graves

inconvénients en ce qu'elle force la femme à recourir, même pour les procès les plus minimes, à l'autorisation de son mari ou à celle de justice ; mais la règle de l'art. 215 est absolue et ne souffre aucune dérogation.

Lors donc qu'une femme est demanderesse, le tiers assigné peut la faire déclarer immédiatement non-recevable, si elle ne représente pas l'autorisation de son mari. Si la femme joue le rôle de défenderesse, le demandeur doit préalablement mettre en cause le mari.

Mais si l'autorisation est exigée de la femme qui veut plaider, elle ne l'est pas pour les actes conservatoires ; par exemple, pour la transcription de l'acte de mariage (art. 171) ou d'une donation entre vifs (art. 940), ou pour l'inscription d'une hypothèque. Ce n'est pas là en effet ester en justice, c'est pourvoir à la conservation de son droit.

La règle générale de l'art. 215 souffre une exception en vertu de l'art. 216 ainsi conçu :

« L'autorisation du mari n'est pas nécessaire lorsque la femme est poursuivie en matière criminelle ou de police. »

Par conséquent, à cette question : l'autorisation indispensable à la femme pour plaider devant les tribunaux civils est-elle également exigée devant les tribunaux de justice répressive ? Il faut répondre par la distinction suivante : Oui, quand la femme est poursuivante ; non, lorsqu'elle est poursuivie ; l'exception de l'art. 216 doit d'ailleurs être étendue à toute action dérivant d'une infraction quelconque, que cette infraction constitue une contravention, un délit ou un crime (art. 1. C. Pen.)

On a toutefois mis en question le point de savoir si l'art. 216 est applicable, quelle que soit d'ailleurs la personne qui intente l'action? Tout le monde reconnaît sans doute que si l'action est mise en mouvement par le ministère public, aucune autorisation ne saurait être exigée ; il faut laisser alors à la poursuite toute son indépendance et à la défense tous ses droits. Mais on peut supposer que la femme soit attaquée par la partie civile, il convient à cet égard de faire plusieurs distinctions, suivant que la partie civile agit conformément à l'article 3 du Code d'Instruction criminelle, en même temps et devant les mêmes juges que le ministère public, qu'elle agit seule et directement dans les termes des art. 145 et 182 du Code d'Instruction criminelle, ou qu'elle agit devant les tribunaux civils.

Si la partie civile intente une action en dommages-intérêts devant le tribunal de première instance, la femme doit certainement être autorisée. On est, à vrai dire, ici dans l'hypothèse prévue par l'art. 215. L'action est fondée sur l'article 1382 et sur un dommage causé : le tribunal de première instance n'est pas compétent pour apprécier le fait au point de vue de sa criminalité.

Si la partie civile agit en même t mps et devant les mêmes juges que le ministère public (art. 3 et 359, Cod. Inst. crim.), tout le monde admet qu'aucune autorisation n'est nécessaire à la femme : l'action de la partie civile n'est alors en effet que l'accessoire et le complément de l'action publique. Or pour l'action publique aucune autorisation n'est imposée à la femme (art. 216). Donc il faut appliquer ici le principe : « *Accessorium sequitur sortem rei principalis.* » Si la partie civile agit seule et directement devant les tribunaux répressifs, comme elle en a le droit en vertu des articles 145 et 182 du Code d'Instruction criminelle, la femme devra-t-elle être munie d'une autorisation ?

MM. Aubry et Raux sur Zachariæ, tome IV, parag. 472, note 14, page 124, admettent l'affirmative : ils invoquent à l'appui de leur opinion les trois considérations suivantes : 1° L'art. 216 est un texte d'exception qui doit être restreint rigoureusement à ses termes : *exceptiones sunt strictissimæ interpretationis;* — 2° rien n'empêche la partie lésée de mettre en cause le mari ; aucun retard préjudiciable n'est à craindre ici ; — 3° le mari peut avoir en fait le plus grand intérêt à être prévenu, car il proposera peut-être une transaction à la partie victime de l'infraction, pour éviter à sa femme le déshonneur d'être traînée devant les tribunaux répressifs.

Nous pensons au contraire qu'aucune autorisation n'est ici requise. Nous invoquons en premier lieu le texte de l'art. 216, d'après lequel l'autorisation du mari n'est pas nécessaire, lorsque la femme est poursuivie en matière criminelle ou de police ; or, dans le cas même où c'est la partie civile qui met directement en mouvement l'action devant le tribunal répressif, la femme est réellement poursuivie en matière correctionnelle ou de police ; donc l'art. 216 est parfaitement applicable.

Les motifs qui ont présidé à la rédaction de l'art. 216 ne militent pas moins en notre faveur ; le but du législateur a été de dégager le droit de défense de toute entrave en présence des actions qui entachent l'honneur ou attaquent la probité : « L'autorité du mari, a dit M. Portalis, disparaît alors devant celle de la loi et la nécessité de la défense naturelle dispense la femme de toute formalité. » Or, ces raisons trouvent leur application, quelle que soit d'ailleurs la personne qui met en mouvement l'action publique devant les tribunaux répressifs.

Il y a encore certaine catégorie d'actes pour lesquels la femme n'a besoin d'aucune autorisation : c'est ainsi qu'elle peut seule faire un testament ou le révoquer (art. 226, 905, al. 2, et arg. art. 1096, al. 2), anéantir une donation entre-vifs qu'elle aurait consentie à son mari pendant le mariage (art. 1096), enfin prendre toutes les mesures nécessaires à la sauvegarde de ses droits.

§ II. — Des effets particuliers de la séparation de biens.

La séparation de biens peut être demandée par la femme, même mariée sous le régime dotal, lorsque sa dot est mise en péril (art. 1563). Nous allons rechercher quelle est alors la condition des biens de la femme considérés en eux-mêmes, et dans quelle mesure l'administration et la jouissance du patrimoine dotal peuvent être exercées.

La division des biens, en biens dotaux d'une part et biens paraphernaux de l'autre, continue certainement de subsister. La séparation de biens présents, comme lorsqu'elle survient sous le régime de communauté, a un caractère provisoire et temporaire, les époux étant toujours libres de rétablir par un consentement mutuel leur contrat de mariage originaire (art. 1451).

Mais le principe de l'inaliénabilité (art. 1554 et suiv.) est-il maintenu dans son intégrité, en sorte que la dot revenue dans les mains de la femme soit encore indisponible comme elle l'était entre les mains du mari ?

Pour soutenir que l'inaliénabilité de la dot doit cesser, on a mis en avant les trois arguments que voici :

1° Aux termes de l'art. 1540, la dot est le bien que la femme apporte au mari pour supporter les charges du mariage. Or après la séparation de biens, la dot n'est plus au pouvoir du mari, mais elle est sous la puissance de la femme ; donc le caractère de dotalité doit s'effacer avec l'inaliénabilité qui est de sa nature.

2° D'après l'art. 1563, si la dot est mise en péril, la femme peut poursuivre la séparation de biens ainsi qu'il est dit aux art. 1543 et suivants. Ce renvoi comprend évidemment l'art. 1449. Or, d'après l'aliéna 3 de ce texte, la femme peut aliéner les immeubles avec le consentement de son mari, ou à son refus avec l'autorisation de la justice, donc il en doit être ainsi dans tous les cas, alors même que la séparation de biens est provoquée par une femme mariée sous le régime dotal : *ubi lex non distinguit, nec nos distinguere debemus.*

3° Enfin, l'art. 1561 *in fine* décide que les immeubles dotaux deviennent prescriptibles après la séparation de biens, quelle que soit l'époque à laquelle la prescription a commencé. Or, l'imprescriptibilité est une conséquence de l'inaliénabilité, et une application de la règle romaine *alienare videtur qui patitur usucapi*. Si donc l'immeuble est prescriptible après la séparation de biens, c'est qu'il est ainsi nécessairement aliénable.

Cette doctrine, si elle était vraie, aboutirait, il faut le reconnaître, à des conséquences très fâcheuses. L'immeuble dotal, dit-on, devient aliénable entre les mains de la femme après la séparation de biens précisément parce que l'art 1561, al. 2, le déclare prescriptible. Ainsi donc : ce serait au mo-

9

ment où le mari est insolvable ou ruiné que le législateur effacerait d'un seul coup toutes les garanties de la dot, cette dernière épave destinée à assurer la subsistance de la famille, et l'établissement des enfants : singulière époque, pour effacer l'inaliénabilité, que celle où le mari, dans la détresse, doit être plus que jamais porté à abuser de son autorité, de fait et sinon de droit, pour réparer par la spéculation et aux dépens, le plus souvent de la dot, les brèches de son administration antérieure !

Ce résultat illogique et dangereux ne nous paraît point avoir été dans la pensée du législateur, et nous pensons que les immeubles dotaux sont après la séparation de biens tout aussi inaliénables qu'ils l'étaient auparavant : en d'autres termes, ils ne peuvent être l'objet d'une aliénation ou d'une hypothèque dans les cas et sous les conditions expressément prévus par les art. 1555 à 1559.

1° La loi 29 C. *de jure dotium*, observée dans notre ancienne jurisprudence, maintenait le principe de l'inaliénabilité de la dot pendant toute la durée du mariage, nonobstant la restitution de cette dot opérée par suite de la déconfiture du mari. Nous pouvons donc invoquer tout d'abord la tradition historique.

2° Cette solution est conforme aux principes : la dot, en effet, lorsqu'elle est remise entre les mains de la femme, n'en conserve pas moins, jusqu'à la la dissolution de l'association conjugale, son caractère propre et sa nature primordiale. Les garanties protectrices sont même plus nécessaires peut-être encore ici, à raison de l'inexpérience possible de la femme au point de vue des affaires.

Aussi l'art. 1561, al. 2, se garde-t-il bien de décider qu'après la séparation de biens les immeubles dotaux deviendront *aliénables*. Ce texte décide seulement qu'ils seront *prescriptibles*. Or, il n'y a pas connexité nécessaire entre l'inaliénabilité et l'imprescriptibilité : on peut concevoir et expliquer comment l'immeuble dotal, tout en devenant prescriptible par séparation de biens, demeure néanmoins inaliénable : si l'immeuble reste frappé d'inaliénabilité, même après la séparation de biens, c'est qu'on peut craindre encore l'influence du mari; si le bien en effet était disponible, le mari insolvable et ruiné userait de tout son pouvoir pour arracher à la femme son consentement à une aliénation dont le prix tomberait très probablement entre ses mains, et que lui mari pourrait dissiper : mais quant à l'imprescriptibilité, on n'avait aucun motif semblable de la maintenir. Il n'est pas à craindre que le mari favorise la prescription des immeubles de la femme ; celle-ci, d'ailleurs, a entre les mains les pouvoirs nécessaires pour interrompre les prescriptions.

3° En définitive, le droit commun c'est l'inaliénabilité (art. 1554) et l'imprescriptibilité (art. 1561) du fonds dotal durant le mariage; or l'art. 1561, aliéna deux, n'apporte d'exception dans le cas de séparation de biens qu'au principe de l'imprescriptibilité, il ne touche pas à l'inaliénabilité; donc l'imprescriptibilité seule a disparu, et l'inaliénabilité continue de subsister.

4° L'art. 1563 ne prouve rien contre notre doctrine, car ce texte renvoie surtout aux formalités à suivre: les termes même de la loi le montrent suffisamment : « *La femme peut poursuivre .....* » Cette expression a trait évidemment à la procédure. Quant à l'art. 1449 que l'on veut invoquer comme extensif de la capacité de la femme dotale, il faut remarquer que sa formule est tout à fait restrictive. « *La femme ne peut* .... », nous concluons donc en décidant que l'immeuble dotal reste toujours inaliénable, après la séparation de biens, il devient seulement prescriptible (art. 1561 al. 2.)

D'autre part, les règles qui déterminent l'étendue de la dot, ne sont en aucune façon modifiées par suite de la séparation obtenue dans les termes des art. 1443 et suivants. Supposez, par exemple, que la femme se soit constitué en dot, tous ses biens présents et à venir; il nous paraît certain que les biens qui pourraient lui échoir à titre gratuit par voie de succession ou de donation, après la séparation prononcée, seraient dotaux, puisqu'en effet la séparation laisse subsister la dotalité des biens antérieurement acquis, quoique l'administration et la jouissance en soient déférées à la femme; elle ne doit pas davantage former obstacle à ce que les biens postérieurement advenus revêtent le caractère dotal : tout ici dépend des termes plus ou moins généraux de la constitution de dot originaire. Nous appliquerons également l'art. 1553 aux termes duquel l'immeuble acquis des deniers dotaux ne devient pas dotal. « L'immeuble acquis des deniers dotaux n'est pas dotal, si la condition de l'emploi n'a été stipulée par le contrat de mariage. — Il en est de même de l'immeuble donné en paiement de la dot constituée en argent. »

Si donc dans la liquidation, le mari livre en paiement à sa femme certains biens destinés à la remplir de ses reprises, ces biens ne seront point dotaux.

Le principe de l'inaliénabilité s'étend - il aux revenus, de telle sorte que la femme ne puisse pas en disposer librement et qu'ils soient insaisissables?

La question ne peut évidemment pas être soulevée quant aux revenus échus : ces revenus destinés à subvenir aux charges du mariage sont nécessairement disponibles, et par suite prescriptibles pour cinq ans dans les termes de l'art. 2277.

Mais la difficulté devient fort grave en ce qui concerne les revenus non encore échus des immeubles dotaux. Trois systèmes peuvent être présentés :

D'après une première opinion, les revenus non encore échus des immeubles dotaux sont parfaitement aliénables *in futurum*, même pour des causes étrangères aux besoins de la famille. Il en résulte que les créanciers doivent être autorisés à saisir chaque année, au fur et à mesure des échéances, les revenus dans les mains des locataires et fermiers ; la femme, dit-on, ayant recouvré la plénitude des pouvoirs de jouissance et d'administration, doit avoir la faculté de disposer librement des fruits et des intérêts de la dot (1449 et 1549).

Une seconde doctrine pose en principe que la destination de la dot, qui est de subvenir aux charges du mariage, doit toujours être respectée ; mais de là elle conclut, que les revenus non encore échus des immeubles dotaux ne sont inaliénables que jusqu'à concurrence seulement des besoins du ménage ; pour l'excédant, ils sont complètement disponibles pour quelque cause que ce soit. Ce système jouit d'une assez grande faveur dans la pratique.

Nous croyons plutôt que les revenus à échoir sont inaliénables et insaisissables, même pour la portion qui excéderait les besoins du ménage, et qu'ils ne peuvent pas en conséquence, pour des causes étrangères à ses besoins, être engagés *in futurum* et avant leur échéance, soit par le mari, soit par la femme. Les revenus, en effet, qui ne sont pas encore échus, n'ont pas d'existence propre et particulière ; ils sont une partie intégrante de l'immeuble qui les produira plus tard ; or, cet immeuble est inaliénable aux termes de l'art. 1554, même après la séparation de biens : donc la femme ne peut pas plus aliéner la partie que le tout.

Nous ajoutons que cette théorie est la seule qui

se trouve en harmonie avec la vraie destination de la dot. Le premier système pour subvenir aux besoins de la famille, permet aux fournisseurs de venir en concours sur les revenus avec les autres créanciers; mais si les dettes contractées par la femme sont considérables, il est clair que la part de la famille va se trouver singulièrement réduite. Quant au second système qui frappe d'inaliénabilité les revenus nécessaires aux besoins du ménage, il a l'inconvénient d'ouvrir la porte à l'arbitraire; rien n'est plus variable en effet que ces besoins de la famille; les tribunaux vont être appelés à tenir compte des habitudes de vie et de la condition de fortune, de l'état de santé ou de maladie, des exigences de position de chacun des membres dont la famille se compose; c'est là une appréciation fort difficile et fort dangereuse. Il n'est pas mauvais d'ailleurs que sous un régime de conservation à outrance comme sous le régime dotal, les époux soient provoqués à payer comptant autant que possible. (Comp. Cass. 13 janvier 1851. Dalloz D. P. 1851. 1. 83.)

Si l'on admet avec la jurisprudence l'inaliénabilité de la dot mobilière en vertu des principes du régime dotal, il faut décider que cette inaliénabilité persistera après la séparation de biens; la femme même séparée ne pourra donc pas renoncer à ses reprises dotales; elle ne pourra pas transiger sur ses droits, ni consentir des subrogations hypothécaires ou des cessions, la question pour nous ne peut pas être soulevée, parce que nous admettons la disponibilité de la dot mobilière.—(Comp. 1554 et suiv.)

La femme, en vertu de la séparation, recouvre la jouissance et l'administration de ses biens dotaux dans les termes de l'art. 1449 al. 1. elle peut donc interrompre les prescriptions, faire courir les intérêts, recevoir le remboursement de ses reprises ou le paiement de ses capitaux dotaux, et en donner quittance.

Mais on a demandé si la femme ne devrait pas du moins faire emploi des capitaux qu'elle reçoit ainsi, et si les débiteurs qui se libèrent entre ses mains ne pourraient pas exiger d'elle l'accomplissement préalable de cette condition ?

Si d'abord l'emploi a été formellement stipulé dans le contrat de mariage, il nous paraît certain que la femme doit exécuter cette clause introduite dans l'intérêt de la famille entière. Les tiers pourront alors, en s'appuyant sur le pacte matrimonial, imposer la stricte observation de cet engagement.

Mais, supposons qu'aucune condition d'emploi n'était insérée dans le contrat de mariage, nous pensons que la femme séparée pourra toucher ses capitaux sans être tenue de justifier d'un emploi préalable. Cette doctrine, de laquelle notre ancienne jurisprudence s'était écartée, nous paraît aujourd'hui seule conforme aux règles nouvelles posées par le Code Napoléon :

Aux termes des art. 1549 et 1550, le mari ne

serait pas obligé en pareille circonstance de présenter un emploi régulier pour pouvoir toucher le capital de la dot mobilière. Or, la femme est entièrement mise à la place du mari et investie des mêmes pouvoirs que lui en vertu du jugement qui a prononcé la séparation de biens. Donc, elle ne doit pas être obligée plus que lui de fournir un emploi.

Cette précaution serait d'ailleurs inutile : car aux termes de l'article 1553, l'immeuble acquis des deniers dotaux n'est pas lui-même dotal en tant que la condition de l'emploi n'a pas été stipulée par le contrat de mariage. Dès lors la femme, après avoir justifié d'un emploi, pourrait vendre librement l'immeuble servant d'emploi, puisqu'il n'est pas dotal, et en dissiper ensuite le prix.

L'inaliénalibilité de la dot mobilière (alors même qu'on admettrait cette inaliénabilité), n'implique pas la nécesssité de l'emploi, et les considérations pratiques que les partisans de la doctrine contraire mettent en avant, ne peuvent pas nous permettre à elles seules d'imposer à la femme une obligation qui ne résulte pas pour elle de son contrat de mariage.

Il est clair toutefois que le principe de l'inaliénabilité ne peut pas être mis en avant, quand il s'agit du paiement des frais de l'instance en séparation de biens. Ce sont là des dépenses nécessaires destinées à assurer l'avenir de la famille, ainsi que la conservation de la dot, et rentrant par conséquent dans les exceptions édictées par l'article 1558. Nous supposons bien entendu que la femme n'a pas d'ailleurs de biens paraphernaux, ni d'autres ressources susceptibles de faire face au paiement des dépens.

Lorsque le mari a aliéné, au mépris de l'article 1554, un immeuble dotal, la femme est investie par l'article 1560 de l'action en nullité, et en revendication des biens indûment transmis, elle peut aussi invoquer le bénéfice de l'hypothèque légale aux termes de l'article 2121, et requérir collocation pour le montant du prix de son immeuble vendu. Nous demandons si la femme séparée de biens peut opter entre les deux voies de recours ; si elle peut, en un mot, au lieu d'exercer l'action en nullité de l'article 1560, se présenter à l'ordre ouvert et requérir collocation en vertu de son hypothèque légale sur le prix de biens de son mari expropriés jusqu'à concurrence du prix de l'immeuble dotal vendu ? Cette question est fort grave et vivement controversée.

Un premier système refuse à la femme l'exercice de ce droit d'option en s'appuyant à la fois sur les textes et sur les principes : d'abord sur les textes : aux termes de l'article 1554. « Les immeubles constitués en dot, ne peuvent être aliénés ou hypothéqués pendant le mariage, ni par le mari, ni par la femme, ni par les deux conjointement, sauf les exceptions qui suivent. »

Aux termes de l'article 1560, si contrairement à la prohibition de la loi, un immeuble dotal a été aliéné, l'action en révocation est ouverte en faveur de la femme et du mari : or aucun texte d'ailleurs au titre du régime dotal n'accorde à la femme l'action hypothécaire concurremment avec l'action révocatoire ; donc cette dernière est seule ouverte.

Si l'on objecte les termes des articles 2121, 2135 et 2195 au titre des hypothèques qui accordent d'une manière générale un droit d'hypothèque légale sur les biens de son mari, à la femme mariée sous quelque régime que ce soit, donc à la femme dotale aussi bien qu'à toute autre, ce système répond que le droit d'hypothèque légale dont l'exercice est permis à la femme par les articles 2121 et suivants, n'a pour objet que la conservation spéciale de la dot mobilière, le recouvrement des sommes dotales (art. 2135, al. 2) ; mais en ce qui concerne les immeubles dotaux, la femme est investie d'un droit de propriété absolue dont il ne peut pas lui être facultatif de se dessaisir pour réclamer une simple collocation hypothécaire. L'article 1560, en cas d'aliénation des immeubles, n'accorde en effet limitativement que l'action révocatoire.

Cette solution, ajoute-t-on, est seule conforme aux exigences de la pratique : l'inaliénabilité qui est le caractère distinctif du régime dotal, a pour but, en effet, de maintenir à la femme la propriété de ses biens en nature, parce que ces biens constituent pour subvenir aux besoins de la famille une ressource bien autrement solide que celle qui résulterait du recouvrement du prix de vente ou du prix d'estimation, dont la dissipation est si facile. D'autre part, si la femme séparée pouvait choisir l'action hypothécaire et laisser l'action révocatoire, elle dénaturerait son régime matrimonial, et resterait exposée aux fraudes les plus graves. Est-ce que ces biens, en effet, ne pourraient pas être vendus en apparence à vil prix, tandis que le mari, au moyen de contre lettres restées secrètes, s'enrichirait aux dépens de la femme ? Grâce à l'action révocatoire au contraire, elle va droit à l'immeuble, et elle le reprend dans son intégrité sans courir aucune chance de perte.

Nous pensons, au contraire, que la femme séparée de biens peut, au lieu d'exercer l'action en nullité et en revendication des immeubles dotaux, illégalement aliénés, se borner à réclamer le prix de ses immeubles en vertu de son hypothèque légale. Nous lui accordons en conséquence le droit de demander immédiatement une collocation soit définitive, soit au moins conditionnelle et éventuelle, en donnant caution pour la restitution du dividende qu'elle aurait touché en vertu de sa collocation, restitution qu'elle devrait faire dans le cas où, après la dissolution du mariage, elle viendrait à vouloir exercer l'action révocatoire. Cette solution nous paraît seule conforme à la tradition historique et aux principes actuellement posés par le Code Napoléon.

Sous l'empire du Droit romain, la femme avait

l'option entre l'action en revendication et l'action hypothécaire (Loi 29 et 30, C. *de jure dotium.)* Notre ancienne jurisprudence, elle aussi, consacrait provisoirement en faveur de la femme le droit d'hypothèque, concurremment avec l'action en revendication. La collocation n'était pour la femme qu'une garantie de plus, mettant ses droits entièrement à couvert. D'après le Code Napoléon, comme d'après les législations antérieures, le fonds dotal est inaliénable, (art 1554) la femme a une hypothèque légale (art. 2121) sur tous les biens de son mari. Puisqu'il y a analogie dans les principes, il doit y avoir aussi analogie dans les résultats ; la collocation met la femme à l'abri des détériorations qui peuvent avoir été faites par le tiers acquéreur sur l'immeuble dotal ; elle lui permet aussi éventuellement de faire face au remboursement auquel cet acquéreur peut avoir droit à raison d'impenses et d'améliorations plus ou moins considérables par lui faites.

C'est bien là d'ailleurs ce qui ressort des termes de l'art. 2195 *in fine* : « Si les inscriptions, dit ce texte, du chef des femmes, mineurs ou interdits, sont les plus anciennes, l'acquéreur ne pourra faire aucun paiement du prix au préjudice desdites inscriptions. »

Cette interdiction générale faite à l'acquéreur d'un bien du mari de faire aucun paiement du prix au préjudice de l'inscription de la femme, doit prendre fin lorsqu'on remplit à son égard les formalités à fin de purge de l'hypothèque légale, cette interdiction, disons-nous, vient énergiquement à l'appui du droit hypothécaire de la femme : si, en effet, l'acquéreur doit ainsi respecter l'existence de cette hypothèque, c'est que la femme peut *intenter* l'action hypothécaire pour s'emparer, à l'encontre des créanciers du mari postérieurs en ordre, de la somme qui lui est due à titre d'indemnité pour la vente de son bien dotal.

En vain, pour écarter l'argument que nous tirons des art. 2195, 2135 et 2121, constitutifs de l'hypothèque légale de la femme, oppose-t-on que ces articles s'appliquent seulement au cas où la femme fait valoir son hypothèque à raison de sa dot *mobilière*. Cette objection tombe devant la généralité des termes de nos articles, ils accordent à la femme le bénéfice de l'hypothèque légale, « *pour raison de sa dot et conventions matrimoniales,* » dit l'art. 2135 ; *pour ses droits*, dit l'art. 2121 ; or, sous ce mot *droits* rentrent évidemment toutes les expectatives quelconques de la femme, soit mobilières, soit immobilières, de même que le mot *dot* comprend la dot consistant en un patrimoine immobilier aussi bien que la dot consistant en un patrimoine mobilier.

Sans doute les créanciers du mari verront diminuer leur dividende par le concours de la femme ; mais ils ne sont pas recevables à s'en plaindre ; car ils ont traité en connaissance de cause, ils ont pu et dû prévoir l'éventualité d'un recours de la part de la femme, puisque la loi accorde expressément à celle-ci une hypothèque pour la conservation de tous ses *droits* (art. 2121.) Tant pis pour eux s'ils n'ont pas pris toutes leurs précautions, *jura vigilantibus prodesse solent.* (Comp. Cass. 16 nov. 1847. Dev. 1848. 1. 25. Cass. 3 mai 1853, D. P. 1853. 1. 137.) L'option de la femme et sa collocation sur le prix des immeubles de son mari emportent en général déchéance de l'action révocatoire et ratification tacite de l'aliénation de l'immeuble dotal par application de la règle *electâ unâ viâ, non datur regressus ad alteram,* et à raison de ce principe d'équité d'après lequel nul ne doit s'enrichir aux dépens d'autrui.

La séparation de biens laisse subsister le principe de l'inaliénabilité, elle efface au contraire la règle de l'imprescriptibilité, d'après l'art. 1561 al. 2. En effet, les immeubles dotaux deviennent prescriptibles après la séparation de biens.

Mais dans quelle mesure la prescriptibilité atteint-elle le fonds dotal après la séparation de biens ? C'est là une question fort controversée.

Trois prescriptions peuvent éventuellement menacer la femme dotale, en nous plaçant à un point de vue tout à fait général :

1° Il peut arriver qu'elle ait aliéné un bien paraphernal sans les autorisations exigées par l'art. 1576 ou encore sous l'empire du dol ou de la violence ; elle est alors soumise à la prescription libératoire de l'action en nullité édictée par l'art. 1304 alinéa 2.

2° Il peut arriver qu'un usurpateur se soit mis de mauvaise foi en possession de l'immeuble dotal, ou que le bien se trouve entre les mains d'un acquéreur avec juste titre et bonne foi, mais *à non domino*: la femme est alors exposée aux conséquences désastreuses pour elle de la prescription acquisitive soit par 30 ans (art. 2262), soit par 10 et 20 ans (art. 2265).

3° L'immeuble a-t-il été indûment aliéné soit par le mari, soit par la femme, soit par tous les deux conjointement ? La prescription libératoire de l'action en nullité ou en révocation autorisée par l'article 1560, va-t-elle courir contre la femme à dater de la séparation de biens ?

Il est indispensable de distinguer ces trois éventualités, pour pouvoir apprécier nettement l'étendue et la portée de l'article 1561.

D'abord la prescription libératoire de l'action en nullité édictée par l'article 1304, alinéa 2, court-elle contre la femme à partir de la séparation de biens ?

Nous ne le pensons pas ; c'est là une prescription générale applicable à la femme mariée sous tous les régimes, et qui ne peut courir qu'à la dissolution du mariage, ainsi que le déclare formellement l'article 1304, alinéa 2. Nous écartons donc immédiatement cette première hypothèse.

Quant à la *prescription acquisitive*, dans les termes des articles 2262 et 2265, il est bien certain qu'elle court à dater de la séparation de biens : « *Les immeu-*

bles dotaux, dit l'article 1561, alinéa 2, deviennent prescriptibles après la séparation de biens. »

Mais que faut-il décider à l'égard de la prescription libératoire ou extinctive de l'action révocatoire consacrée par l'article 1560 ? La prescription de 10 ans, qui éteint l'action en nullité de l'aliénation de l'immeuble dotal, prend-elle son point de départ à compter du jour même de la séparation de biens, ou au contraire ne peut-elle jamais prendre son cours qu'à la dissolution du mariage ?

Un premier système enseigne que la prescription libératoire de l'action en nullité de l'aliénation de l'immeuble dotal commence à la date de la séparation de biens.

On invoque d'abord la généralité des termes de l'article 1561, alinéa 2, qui, en posant le principe de la prescriptibilité, ne limite en aucune façon sa règle à la prescription acquisitive. Il y a d'ailleurs, ajoute-t-on, identité de motifs ; on ne comprendrait pas pourquoi l'une des prescriptions serait suspendue, tandis que l'autre reprendrait son cours; on s'appuie enfin sur l'article 2255 au titre de la prescription. Ce texte, en effet, prévoyant l'hypothèse même où le fonds a été indûment aliéné, renvoie expressément pour les conditions de la prescription *libératoire* à l'article 1561 : « La prescription, dit l'article 2255, ne court point, pendant le mariage, à l'égard de l'aliénation d'un fonds constitué selon le régime dotal conformément à l'article 1561 au titre du contrat de mariage et des droits respectifs des époux. » Or, précisément cet article 1561 admet la prescriptibilité immédiatement après la séparation de biens. Donc, c'est à cette époque même que doit commencer à courir toute prescription, même celle en libération de l'action révocatoire. Tout au plus cette doctrine admet-elle une exception à la solution qu'elle propose pour l'hypothèse où le mari étant garant de la vente, l'action en nullité serait de nature à l'atteindre par contre-coup (art. 2256, n° 2).

Nous tenons au contraire pour certain que la prescription libératoire de l'action en nullité ne rentre pas dans la sphère d'application de l'article 1561, al. 2 ; cette prescription ne peut commencer à courir, aux termes de l'art. 1560, qu'après la dissolution du mariage ; nous nous fondons d'abord sur les termes mêmes de l'art. 1561 n° 2, qui déclare prescriptibles *les immeubles dotaux*. Il s'agit donc bien de la prescription à l'effet d'acquérir ; ce n'est pas l'action révocatoire qui devient prescriptible à titre extinctif après la séparation de biens.

Mais, nous dit-on, l'art. 2255 du moins, qui prévoit expressément le cas de l'art. 1560 renvoie pour les délais de la prescription libératoire à l'art. 1561 n° 2. Cet argument paraît décisif au premier abord, et cependant si l'on veut y regarder de près, on verra qu'il est susceptible d'une réfutation péremptoire : cet article 2255 contient, en effet, une erreur évidente de renvoi. On sait dans quelles conditions le Code Napoléon a été rédigé ; chacun des titres qui le compose aujourd'hui formait dans les présentations successives, une loi spéciale qui avait sa série particulière d'articles, en commençant par le n° 1 et en continuant probablement ainsi jusqu'à la fin. On suivait en cela la coutume antérieure, car notamment dans la loi du 29 décembre 1790, relative au rachat des rentes foncières, nous voyons les numéros d'articles recommencer à chaque titre nouveau. Ce ne fut que plus tard, lorsque la loi du 30 ventôse an XII réunit en un seul Code les différentes parties votées, qu'on adopta le numérotage général qui existe aujourd'hui. Le titre cinquième du Code Napoléon, en d'autres termes la loi sur le contrat de mariage, avait donc dans le principe sa série distincte d'articles, en sorte que l'art. 1387 de notre série générale d'aujourd'hui formait alors l'article 1er. La disposition qui forme maintenant dans le titre de la prescription l'article 2255 contint un renvoi à l'art. 174 de la loi sur le contrat de mariage. Or cet art. 174 correspondait à la disposition, non pas de l'art. 1561, mais bien de l'article 1560 ; la démonstration en est mathématique, il suffit en effet d'ajouter le nombre 174 au nombre 1386, expression du dernier article qui précède immédiatement le titre du contrat de mariage, et l'on arrive alors à la formule suivante : treize cent quatre-vingt-six, plus cent soixante-quatorze, égale quinze cent soixante et non pas quinze cent soixante-et-un ; il est donc bien établi que l'art. 2255 vise le cas de l'art. 1560, et non pas celui de l'art 1561 : par conséquent il laisse notre question parfaitement intacte.

Si maintenant nous nous référons aux principes, il est facile d'établir que la différence à laquelle nous aboutissons entre la prescription acquisitive et la prescription libératoire de l'action en nullité se justifie parfaitement au point de vue rationnel : s'agit-il en effet, d'arrêter *l'usurpateur* et de diriger contre lui une action en revendication pour arrêter le cours de la prescription acquisitive qui va s'accomplir à son profit ? Aucun intérêt domestique ne peut arrêter la femme, le mari n'aura aucune raison de protester, ni d'user de son influence pour empêcher la réintégration ; s'agit-il au contraire de la prescription libératoire de l'action en nullité ? Le mari ou la femme ou tous les deux conjointement ont consenti l'aliénation, il y a une adhésion librement donnée, il y a peut-être un engagement d'honneur à maintenir la vente ; la femme peut s'abstenir, à raison d'un scrupule de conscience ; elle peut aussi être vivement préoccupée par la crainte du recours en garantie ou en dommages-intérêts que l'acheteur évincé ne manquerait pas de diriger contre le mari covendeur. Toutes ces considérations qui intéressent la paix du ménage pourront faire balancer la femme séparée de biens à intenter l'action en nullité contre l'acheteur de l'immeuble dotal. Il ne faut pas d'ailleurs perdre de vue que si la prescription courait même contre l'action en nullité à partir de la séparation (art. 1561 al. 2.) La femme pourrait toujours à son gré, libérer le tiers acquéreur, en évitant d'interrompre cette prescription ; or, ce serait là une véritable aliénation de sa part, et cet acte lui est interdit, on le sait, à raison de l'inaliénabilité qui persiste toujours (art. 1560 et 1561.)

En dernière analyse, la prescription libératoire relève uniquement de l'art. 1560 ; or, cet article fixe la dissolution du mariage comme le point de départ unique de la prescription libératoire ou extinctive de l'action en révocation suspendue sur la tête du tiers acquéreur : « La femme ou ses héritiers pourront faire révoquer l'aliénation *après la dissolution du mariage, sans qu'on puisse leur opposer aucune prescription pendant sa durée.* » La femme peut sans doute, si elle le veut, intenter l'action en nullité, action essentiellement administrative après la séparation de biens : mais comme la loi excuse et explique une abstention de sa part, ce n'est qu'à partir de la dissolution du mariage que la prescription extinctive de cette action commence à prendre son cours.

Il importe de préciser les conséquences de notre doctrine ; une femme mariée sous le régime dotal a aliéné soit à elle seule, soit conjointement avec son mari, un immeuble dotal, au mépris des articles 1554 et 1560 ; elle est armée d'abord de l'action en nullité pour faire tomber l'acte indûment consenti, puis de l'action en revendication pour se faire réintégrer dans la propriété de son patrimoine inaliénable. Cette femme obtient la séparation de biens, immédiatement le tiers acquéreur va commencer de prescrire à titre acquisitif (art. 1561, n° 2), par quel délai prescrira-t-il ? Il ne pourra évidemment devenir propriétaire incommutable qu'au bout de 30 ans (art. 2262), eût-il même été de bonne foi au moment de l'acquisition ; car la femme conserve toujours contre lui, suivant notre système, le droit d'intenter l'action révocatoire. Or, cette action étant mise en mouvement, le titre originaire tombe, et par conséquent si le tiers acquéreur a la bonne foi (ce qui en pratique sera d'ailleurs assez rare), il lui manquera toujours le juste titre anéanti par l'effet de l'action en nullité de l'article 1560. Dès lors le premier intérêt de notre doctrine est d'empêcher l'abréviation des délais pour la presciption acquisitive dans les termes de l'article 2265.

Allons plus loin : trente ans s'écoulent à partir de la séparation de biens ; la dissolution du mariage se produit dans la trente et unième année ; la prescription acquisitive est donc consommée au profit du tiers acquéreur ; mais la femme conserve encore pendant dix ans le bénéfice de l'action révocatoire. Supposons qu'elle intente cette action révocatoire ou en nullité, fondée sur l'article 1560, le tiers acquéreur va lui répondre : sans doute votre action en nullité procède bien et fait tomber *l'acte d'aliénation* qui m'a été consenti à l'origine, mais j'invoque la prescription de trente ans (art. 2262), qui couvre même l'usurpateur ; j'ai prescrit la propriété en nature de votre immeuble dotal (art. 1561, al. 2). On voit qu'ici l'action révocatoire ou en nullité intentée par la femme, en vertu de l'art. 1560, ne pourra pas avoir pour résultat sa réintégration matérielle, puisque la prescription acquisitive s'y oppose ; mais ne pourra-t-elle pas du moins avoir pour objet la prestation d'un équivalent en argent ? Cela nous paraît fort difficile, car celui qui prescrit pour trente ans en vertu de l'article 2262, acquiert une propriété absolue et qui n'est soumise à aucune condition : il est propriétaire par la force combinée de la loi et du temps, et il n'est en général comptable vis-à-vis de qui que ce soit. Pourtant l'action révocatoire est maintenue au profit de la femme : qui veut la fin veut les moyens ; comment le législateur aurait-il accordé une prérogative sans résultat possible en pratique ? Peut-être serait-il permis en conséquence de soutenir que l'action révocatoire ou en nullité aboutira dans cette hypothèse, au profit de la femme à l'obtention de la valeur en argent de son immeuble dotal indûment aliéné ; il faut en définitive que force reste à la loi qui proclame le principe de l'inaliénabilité et de l'imprescriptibilité de l'action révocatoire, même après la séparation de biens. Sans doute la femme est en faute de n'avoir pas revendiqué à temps et de n'avoir pas interrompu la prescription acquisitive ; mais en dernière analyse son mari peut être insolvable, l'exercice de l'action hypothécaire peut ne lui être en fait d'aucune utilité, et il importerait de maintenir en conséquence, le principe de recours contre le tiers acquéreur en vertu de l'art. 1560. Toutefois, nous nous bornons à indiquer les éléments de doute, et en présence de ce conflit des principes de la prescription acquisitive et des règles de l'action révocatoire, nous éprouvons quelques embarras à nous prononcer, faute de rencontrer un terrain commun où les deux doctrines adverses puissent se joindre nettement.

Sous le régime dotal comme sous le régime de communauté, la séparation de biens permet à la femme d'exercer ses actions en reprise, mais quant aux gains de survie, elle est obligée, par l'application de l'art. 1452, d'attendre la dissolution du mariage.

Bien entendu, si l'on admet avec la jurisprudence le principe de l'inaliénabilité même de la dot mobilière, la femme mariée sous le régime dotal ne pourrait consentir aucune transaction relativement à ses gains de survie. Il en serait autrement de la femme mariée sous le régime de la communauté.

CHAPITRE CINQUIÈME.

Quel est le caractère de la séparation de biens ? Comment peut-elle cesser, et à quelles conditions les époux peuvent-ils rétablir la communauté dissoute ?

La séparation de biens a un caractère essentiellement provisoire et temporaire : la communauté dissoute est susceptible d'être à chaque instant rétablie par le consentement mutuel des époux. L'article 1451 *al.* 1, s'exprime en effet ainsi :

« La communauté dissoute par la séparation soit de corps et de biens, soit de biens seulement, peut être rétablie du consentement des deux parties. »

Ce consentement, toutefois, doit, à peine de nullité, être constaté par un acte passé devant notaire et avec minute ; cet acte authentique doit être rendu public en observant les formes prescrites par l'article 1445. L'accomplissement de ces diverses formalités sert de point de départ à l'efficacité du rétablissement de la communauté à l'égard des tiers, il ne faut pas en effet qu'ils puissent souffrir du changement de volonté des époux, avant d'en avoir été dûment avertis. Dès lors, il faut décider que la réconciliation des époux séparés de corps, ne serait pas suffisante à elle seule, pour faire cesser les effets de la séparation de biens. Les époux, au contraire, ne peuvent jamais, dans leurs rapports respectifs, se prévaloir l'un contre l'autre de l'omission des formalités légales.

Si, maintenant, nous voulons nous préoccuper des conditions de fond, la communauté ne peut être rétablie que dans les termes originaires, l'ancien contrat de mariage renaît rétroactivement dans toutes ses dispositions et sans qu'il soit permis d'y rien changer. On respecte toutefois les droits acquis aux tiers; et tous les actes consentis par la femme, dans les limites de sa capacité, sont irrévocablement maintenus.

La loi, en permettant aux époux de faire cesser la séparation de biens, ne leur permet pas, nous venons de le dire, de rétablir leur association civile sur d'autres bases que celles du contrat de mariage primitif: « Toute convention, dit l'article 1451 *in fine*, par laquelle les époux rétabliraient leur communauté sous des conditions différentes de celles qui la réglaient antérieurement, est nulle. »

Il y a une difficulté d'interprétation soulevée à propos de la partie finale de cet article 1451. Elle porte sur le point de savoir, si c'est la convention toute entière qui est nulle, entraînant avec elle dans sa chute le rétablissement même de la communauté, ou bien si la nullité ne doit être appliquée qu'aux clauses illicites insérées dans l'acte de rétablissement.

La doctrine, généralement accréditée, décide que la clause illicite doit seule être réputée non écrite, et qu'il faut d'ailleurs maintenir le rétablissement de la communauté.

Cette doctrine essaie d'abord de se couvrir de l'autorité de Pothier: l'excellent auteur s'exprime en effet ainsi, sous le numéro 529 de son traité de la communauté : « Il nous reste une question sur le rétablissement de communauté, qui est de savoir si les parties, en rétablissant leur communauté, peuvent y apporter des limitations et restrictions, en convenant, par exemple, que les héritages acquis depuis la sentence de séparation par l'un ou par l'autre des conjoints, lui demeureront propres, et n'entreront pas dans la communauté rétablie ; ou bien en convenant que chacun des conjoints sera seul tenu des dettes par lui contractées depuis la sentence de séparation ? — Lebrun décide avec raison, que ces *conventions* portées par l'acte de rétablissement de communauté sont nulles. Les séparations n'ont d'effet qu'autant qu'elles durent : elles sont détruites et regardées comme non avenues par le seul fait, lorsque les parties ont remis leurs biens en commun. Il ne peut pas y avoir deux communautés entre des conjoints par mariage, l'une qui ait duré jusqu'à la sentence de séparation, et l'autre qui ait commencé lors du rétablissement. Il n'y a entre les conjoints que la seule communauté qui a commencé lors de leur mariage et qui a duré jusqu'à sa parfaite dissolution par la mort de l'une des parties; dans laquelle communauté entrent toutes les choses que chacun des conjoints a acquises, et toutes les dettes qu'il a légitimement contractées, en quelque temps que ce soit, même depuis la sentence de séparation, qui, n'ayant pas duré jusqu'à la fin du mariage, a été sans effet, et n'a pas dissout la communauté. » Or, on sait que Pothier a servi constamment de guide au législateur dans toute cette partie du Code Napoléon, son opinion constitue donc un préjugé favorable.

On s'appuie ensuite sur le texte même de l'art. 1451, en entendant ces mots *toute convention* comme synonyme de *toute clause*.

Pour nous, nous croyons plutôt, qu'il convient de tenir pour nul l'acte de rétablissement de communauté dans son entier, la nullité à nos yeux n'atteint pas seulement la clause modificative.

Notre solution trouve d'abord son point d'appui dans l'art. 1172 ; d'aprés ce texte, dans les contrats à titre onéreux, toute condition d'une chose impossible ou prohibée par la loi est radicalement nulle, et rend nulle la convention qui en dépend : or le contrat de mariage et les actes qui ont pour résultat, soit de le modifier, soit de le confirmer sont bien des actes à titre onereux : donc la convention toute entière doit étre déclarée nulle.

D'ailleurs, aux termes de l'art. 1451 conforme en en ce point aux principes du droit commun, la première condition exigée pour le rétablissement de la communauté, c'est la volonté des parties de le réaliser. Or, précisément les parties ne l'ont pas voulu puisqu'elles ont créé une communauté nouvelle et irréalisable ; ne pas vouloir du tout ou vouloir sous une condition impossible ou illégale, c'est à nos yeux une seule et même chose. Lorsque la communauté a été rétablie avec l'observation de toutes les formalités légales, elle reprend son effet du jour du mariage, et en ce qui concerne les rapports respectifs des époux elle est censée avoir toujours persévéré sans discontinuation.

Mais bien entendu, ce rétablissement ne saurait réagir contre des droits acquis à des tiers, tous les actes passés soit par le mari soit par la femme, à l'époque où la séparation de biens était en vigueur, sont nécessairement maintenus.

Lorsque la communauté a été une fois rétablie par le consentement mutuel des époux, elle est définitive et irrévocable comme au début du mariage, en sorte que, si de nouveaux motifs de séparation venaient à se produire, il faudrait recourir encore une fois aux tribunaux et obtenir une nouvelle décision judiciaire, art. 1443 *in fine*.

Il faut également tenir pour certain que l'art. 1451 est applicable sous le régime dotal quoiqu'il ne parle dans ses termes exprès que du rétablissement de la communauté. Le législateur voit toujours d'un œil favorable le retour aux dispositions primitives du contrat de mariage quel que puisse être d'ailleurs le régime matrimonial adopté à l'origine.

Nous ne pouvons mieux terminer l'examen de la matière importante qui a fait l'objet de notre Thèse, qu'en présentant sommairement le parallèle qu'il convient d'établir entre les différentes espèces de séparations de biens.

La comparaison entre la séparation de biens principale et la séparation de biens résultant comme accessoire de la séparation de corps, nous amène à constater une quadruple différence :

1° Le premier point de dissemblance à signaler, existe quant aux causes : la séparation de biens principale peut être, aux termes de l'art. 1443, demandée, soit à raison du péril de la dot, soit à raison du désordre grave des affaires du mari. — La séparation de biens accessoire de la séparation de corps trouve son origine indirecte dans l'adultère des époux, dans les excès, sévices, ou injures graves, de l'un d'eux envers l'autre, dans la condamnation de l'un des époux à une peine infamante, en un mot dans l'une des causes prévues par les art. 2229 à 2232. (Art. 311. C. N.)

2° Si maintenant, nous nous préoccupons des personnes qui peuvent recourir à ce remède extrême, nous voyons, que la séparation de biens principale peut être demandée par la femme, ou continuée par ses héritiers : quant aux créanciers, le droit de demander la séparation de biens leur est en principe refusé, (art. 1446) à moins qu'ils ne soient titulaires d'une délégation formelle de la femme. Mais jamais le mari, ni ses ayant-cause, ne peuvent profiter de la faculté consacrée par les art. 1443 et suivants. — La séparation de biens qui résulte comme accessoire de la séparation de corps, peut être au contraire le résultat d'une instance judiciaire dirigée par le mari aussi bien que par la femme.

3° La déchéance de quinzaine édictée par l'art. 1444 pour la séparation de biens principale, n'est pas applicable à la séparation de biens résultant comme accessoire de la séparation de corps.

4° Au point de vue des effets, le jugement qui prononce la séparation de biens d'une manière directe et principale, à raison du mauvais état des affaires du mari, remonte quant à ses effets, au jour de la demande (art. 1445, *in fine.)* La séparation de biens accessoire, au contraire, nous a paru n'avoir aucun effet rétroactif.

Il nous reste à indiquer les différences qui existent entre la séparation de biens conventionnelle, (1536-1539, C. N.) et la séparation de biens judiciaire, (1443 et suiv.) Nous pouvons les ramener à deux principales :

1° La séparation de biens, lorsqu'elle est stipulée dans le contrat de mariage, est perpétuelle et irrévocable : c'est une loi de capacité qui s'impose non seulement dans les rapports respectifs des époux, mais aussi même à l'encontre des tiers, (art. 1391, 1395 et suiv.) Quant à la séparation de biens judiciaire, elle est essentiellement provisoire, et la communauté dissoute un instant, soit directement soit indirectement par un jugement, peut être rétablie par l'adhésion des deux parties, (1451, *al.* 1).

2° Aux termes de l'art. 1448, la femme qui a obtenu en justice la séparation de biens, doit contribuer proportionnellement à ses facultés et à celles du mari, tant aux frais du ménage qu'à ceux d'éducation des enfants communs.—D'après l'article 1537 au contraire, les époux séparés de biens dès l'origine, par le contrat de mariage, sont, en l'absence de dispositions contraires formulées au pacte matrimonial, soumis à une règle différente de contribution : la femme supporte les charges du mariage jusqu'à concurrence seulement du tiers de ses revenus.

La séparation de biens telle qu'elle est organisée par nos lois, répond, ainsi qu'on peut le voir, aux plus impérieuses nécessités sociales. Veut-on la considérer comme un régime de convention : elle fournit alors dès l'origine, des garanties à la femme, contre l'administration inconsidérée d'un mari soit inhabile, soit malhonnête. Les familles respectives des parties sont mieux placées que personne pour apprécier ce que l'avenir promet, et les gages d'espérance ou de crainte qu'il peut contenir.

S'il y a eu erreur ou confiance exagérée de la part des parents, la séparation de biens judiciaire vient permettre à la femme de se soustraire aux conséquences désastreuses d'une gestion déplorable La justice peut arrêter les époux sur le penchant de la ruine et donner à une administration nouvelle la possibilité de réparer les fautes du passé, mais la séparation de biens ainsi prononcée, ne détruit pas, à moins qu'il n'y ait en plus séparation de corps, la puissance du mari sur la personne de sa femme et de ses enfants : elle le dépouille seulement de prérogatives dangereuses, dont il a abusé au grand détriment de la famille.

Notre institution respecte aussi suffisamment l'intérêt légitime des tiers, car les précautions au milieu desquelles s'effectue la séparation de biens, les mesures de publicité prises pour assurer la révélation officielle soit du contrat de mariage, soit de la demande adressée à la justice, concilient merveilleusement les nécessités domestiques avec le respect dû aux droits acquis à des tiers. Dans ses résultats comme dans son principe la séparation de biens est donc en conformité parfaite avec les principes qui président à la formation et aux développements des sociétés humaines.

POSITIONS.

DROIT ROMAIN.

I.

Les rétentions peuvent-elles être opposées à l'action *ex stipulatu*, si on fait insérer dans la formule une exception de dol? — Non.

II.

Le paragraphe 11 du titre VI des règles d'Ulpien doit être ainsi entendu : une dot sur laquelle une *retentio propter liberos* a eu lieu, ne peut pas subir dans le même mariage une nouvelle *retentio propter liberos*.

III.

La phrase : *Ceterum hæc res faciet....* (Loi 5, *Princ. de imp. in. res. dot. fact.* liv. XXV. tit. 1) n'est pas en opposition avec la première phrase du § 3 de la loi 56 *de Jure dotium.*

IV.

Lorsque des impenses nécessaires, dont le total dépasse la valeur de la dot, ont été faites par le mari, le fonds cesse d'être dotal au jour où la dernière impense a été faite ; mais il ne peut être aliéné dans l'année pendant laquelle la femme peut restituer le prix des impenses au mari.

DROIT FRANÇAIS.

I.

La femme mariée en communauté, peut obtenir la séparation de biens à raison de l'interdiction judiciairement prononcée contre son mari.

II.

La séparation de biens résultant comme accessoire (art. 311) d'un jugement qui admet la séparation de corps n'a aucun effet rétroactif, soit entre les époux, soit à l'égard des tiers.

III.

L'article 1450 est applicable aussi bien en matière de séparations de biens contractuelle qu'en matière de séparation de biens judiciaire.

IV.

La femme séparée de biens, peut transiger dans les limites de son droit d'administration, elle ne peut compromettre dans les mêmes conditions.

V.

La femme séparée, ne peut pas seule hypothéquer ses immeubles, même à titre de garantie d'obligations contractées pour cause d'administration.

VI.

Les obligations contractées sans l'autorisation de son mari ou de la justice, par la femme séparée de biens, ne sont valables et ne doivent recevoir exécution, même en ce qui touche les revenus et le mobilier, qu'autant qu'elles ont pour objet l'administration des biens de celle-ci, ou qu'elles doivent avoir pour résultat de pourvoir à ses besoins.

VII.

Le mari n'a, en principe, aucun droit de contrôle, sur les actes que sa femme, séparée de biens, peut, en vertu des principes du Code Napoléon, faire seule : il peut seulement provoquer l'intervention de la justice, lorsque les abus d'administration commis par la femme, sont tellement graves, qu'ils constituent une aliénation véritable ; les tribunaux jouissant à cet égard d'un pouvoir souverain d'appréciation.

VIII.

L'inaliénabilité des immeubles dotaux, survit à la séparation de biens obtenue par la femme mariée sous le régime dotal.

IX.

La prescription de l'action révocatoire ne peut jamais commencer à courir qu'après la dissolution du mariage : cette action ne devient pas prescriptible après la séparation de biens.

X.

Lorsque, par une convention régulière en la forme, les époux séparés de biens rétablissent la communauté sous d'autres conditions que celles primitivement adoptées, l'article 1451 *in fine* du Code Napoléon frappe de nullité, non seulement les clauses dérogatoires, mais la convention toute entière de rétablissement.

XI.

La nullité édictée par l'art. 1444 du Code Napoléon est absolue et peut être invoquée aussi bien par la femme ou ses ayant-droit que par le mari.

DROIT COMMERCIAL.

I.

La justice ne peut pas autoriser la femme soit à entreprendre, soit même à continuer le commerce, lorsque le mari présent et capable refuse d'y consentir.

II.

L'autorisation de faire le commerce donnée par le mari à sa femme ne l'habilite à l'effet de contracter une société de commerce pour une suite non interrompue d'affaires.

DROIT PÉNAL.

I.

Le délit de diffamation, tel que le prévoit et le définit l'article 13 de la loi du 17 mai 1819, peut résulter, non pas seulement des imputations dirigées contre les vivants, mais aussi de celles dirigées contre la mémoire des morts, lorsque ceux-ci ayant toujours vécu en simples particuliers, n'appartiennent par aucun côté de leur vie à l'histoire.

II.

Le témoin qui, ayant participé à un crime, n'altère les faits dont il dépose que pour ne pas s'accuser lui-même, ne peut être poursuivi en faux témoignage.

DROIT INTERNATIONAL.

I.

L'étranger légalement divorcé dans son pays peut se remarier en France.

II.

Dans les articles 2123 du Code Napoléon et 546 du Code de Procédure, il ne s'agit, ni d'un simple *pareatis*, ni d'une révision absolue et complète du fonds, les tribunaux français doivent intervenir au point de vue seulement de l'ordre public et de notre police intérieure ; mais ils n'ont pas à se préoccuper de la décision d'intérêt privé rendu en pays étranger.

Vu :

Ce 2 mars 1869.

Le Doyen de la Faculté,

BLONDEL.

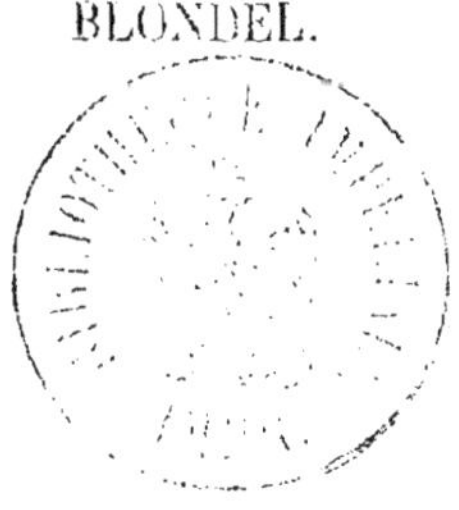

PERMIS D'IMPRIMER.

Ce 2 mars 1869.

Le Recteur,

FLEURY.

Douai. — Imprimerie DECHRISTÉ, rue Jean-de-Bologne.

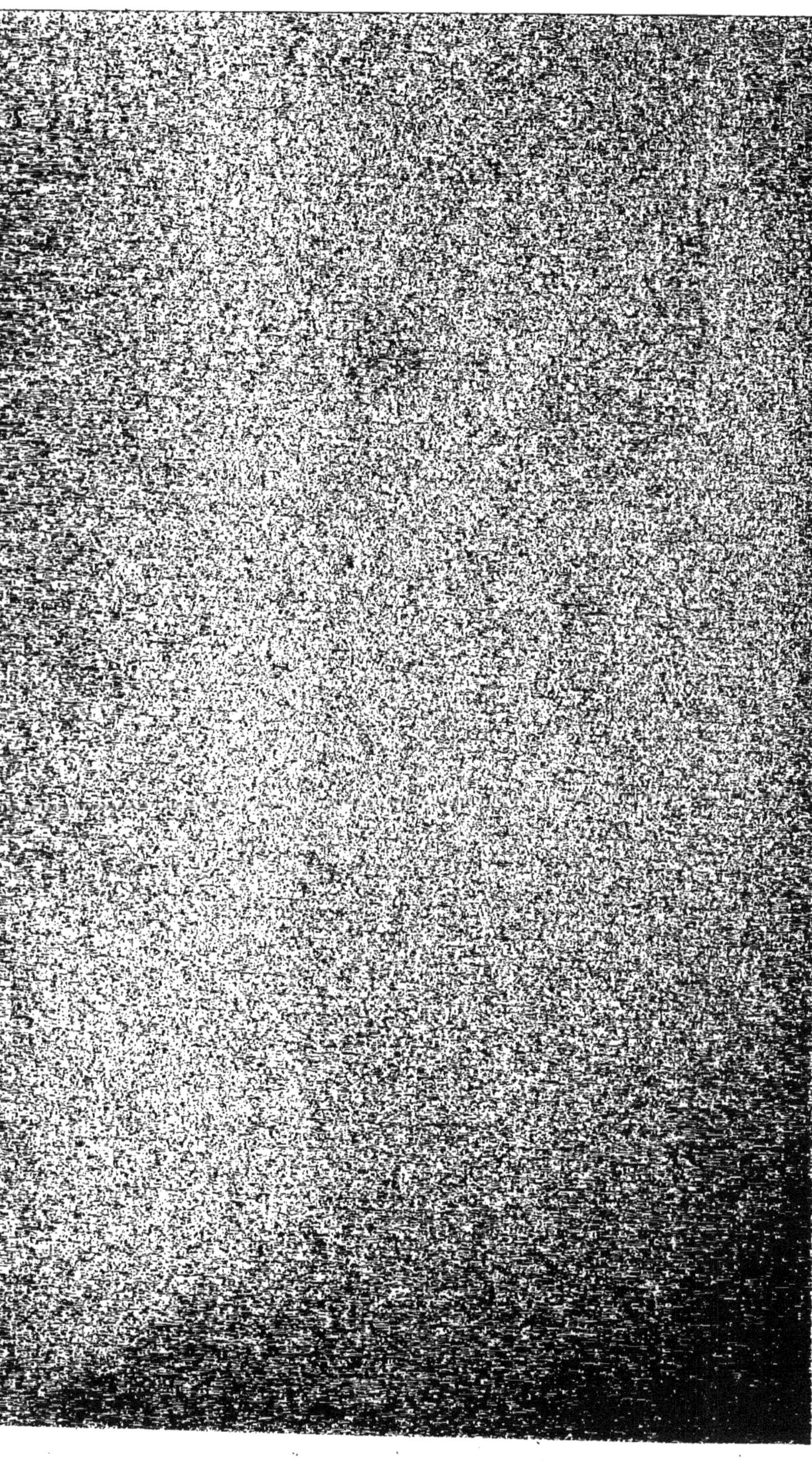

DOUAI. IMPRIMERIE DECHRISTÉ, RUE JEAN-DE-BOLOGNE

www.ingramcontent.com/pod-product-compliance
Ingram Content Group UK Ltd.
Pitfield, Milton Keynes, MK11 3LW, UK
UKHW020557180726
13838UKWH00001B/303